循環型教育
"Circulative Education"

学校・家庭・地域社会にイノベーションを
innovation for School, Family and Local Community

宮崎冴子
Saeko Miyazaki

はじめに

　近年のわが国においては、少子高齢化や情報通信技術（Information and Communication Technology, ICT）の進展が加速化しており、社会・経済構造の変化に影響を及ぼしている。具体的には2010年の出生数約107万人、2011年は約105万人で年々減少している。15〜64歳の生産年齢人口は2010年の63.8％から減少を続け、2060年には50.9％と予想されている。一方で、高齢人口は2010年の2,948万人から、2042年には3,878万人と予想され、その後は減少に転じる。そのため、高齢化率は2010年の23.0％から2013年に25.1％、2060年には39.9％と予想されており、ますます少子高齢化の状況は加速化する。

　ICTは、今やあらゆる領域に活用されて高速ネットワーク、なかでもスマートフォンの普及やビッグデータ・オープンデータの活用はさらに高まっている。ICT総研の調べでは、我が国における2013年末のソーシャルネットワーキングサービス（Social Networking Service, SNS）の利用者は5,487万人で、2015年末には6,454万人に達する見込みという。

　こうした現状を背景として、児童生徒及び若年者をとりまく学校・家庭・地域社会の環境も激変しており、多くの課題がみられる。

　本書では、「学校・家庭・地域社会の教育力」「若年者の就業」に焦点をあてて、「生涯キャリア教育」の視点から、現代的課題を明らかにするために実施した実態調査や事例研究を検証し、課題解決へ提言を行う。

　本書の原本は、博士論文「学校・家庭・地域社会の連携による[循環型教育]の有用性に関する研究」（Study on Usefulness of "Circulative Education" in Collaboration with School, Family and Local Community）である。原本では、第1章は緒論、第2章は対象事例の先行研究、第3章〜第5章は実態調査と実践事例の検証や考察・提言、第6章は研究結果の総括である。本書には抜粋

し、加筆修正している。なお、第3章「家庭・学校教育における児童生徒の発達課題」「若年社員に期待する能力開発」の概要は拙著『キャリア形成・能力開発』（文化書房博文社）を参照頂きたい。

　本書の第1章では、我が国の職業指導から進路指導へ、そしてキャリア教育につながる時代背景について論述し、児童生徒及び若年者をとりまく環境の変化や課題について、「生涯キャリア教育」の視点から解説している。

　第2章では、134名の若年無業者（ニート）に聞いた「自立に困難を抱える青少年（若年無業者）の生活状況」の実態調査について記載している。アンケートの作成時から考察・提言書作成まで、筆者が全面的に関わった宇都宮市の委託事業である。この度の転載の許諾に感謝申し上げたい。

　なお、若年無業者（ニート）にならないための予防策や支援のヒントとして、「子どもの発達と学習」について「生涯発達」の視点から加筆している。

　第3章では、小中学校における「循環型教育」の事例として「学校支援地域本部事業」について、その成果と課題について記載している。

　第4章では、高等教育機関における「循環型教育」の事例として「熟議」について検証し、学校・家庭・地域社会の連携による「循環型教育」の有用性について客観的な評価と、課題解決について提言している。

　第5章では、全体のまとめと、今後の展望として「生涯キャリア教育」の役割、「学校・家庭・地域社会の連携による循環型教育」、「知」の拠点としての大学の役割、「キャリア教育奨励法」について提言している。

　本書は大学院・大学関係者、要支援の若年者にかかわる行政の担当者や支援団体・NPO、カウンセラー、ご父母のみなさまに、ぜひご活用いただきたい。

2015年3月

著者　宮崎冴子

目 次

はじめに ………………………………………………………………… 1

第1章 生涯キャリア教育 …………………………………………… 7
　第1節　我が国のキャリア教育の先行研究 ……………………… 7
　　1．職業指導のはじまり ………………………………………… 7
　　2．進路指導への移行 …………………………………………… 8
　　3．総合的な学習 ………………………………………………… 12
　　4．「若年雇用戦略」と「教育再生会議」 ……………………… 18
　第2節　生涯キャリア教育の背景と課題 ………………………… 21
　第3節　「学校・家庭・地域社会の教育力」に関わる問題 …… 25
　　1．不登校 ………………………………………………………… 25
　　2．ひきこもり …………………………………………………… 25
　　3．少年の犯罪 …………………………………………………… 26
　第4節　「若者の就業」に関する問題 …………………………… 29
　　1．学卒者の状況 ………………………………………………… 29
　　2．早期離職者の状況 …………………………………………… 30
　　3．フリーターの状況 …………………………………………… 31
　　4．若年無業者（ニート）の状況 ……………………………… 32
　第5節　本章のまとめ ……………………………………………… 35

第2章 若年無業者の課題と生涯キャリア支援 …………………… 41
　第1節　若年無業者の課題に関する背景 ………………………… 41
　第2節　若年無業者に関する先行調査 …………………………… 42
　　1．若年無業者の実態調査（新潟県） ………………………… 42
　　2．若年者就業意識調査（埼玉県） …………………………… 50

第3節　若年無業者に関わる課題と生涯キャリア支援‥‥‥‥‥‥53
　　　1．若年無業者に関わる課題の背景‥‥‥‥‥‥‥‥‥‥‥53
　　　2．調査の方法と内容‥‥‥‥‥‥‥‥‥‥‥‥‥‥‥‥‥53
　　　3．調査の結果‥‥‥‥‥‥‥‥‥‥‥‥‥‥‥‥‥‥‥‥58
　　　4．考察‥‥‥‥‥‥‥‥‥‥‥‥‥‥‥‥‥‥‥‥‥‥100
　　　5．若年無業者支援に関する提言‥‥‥‥‥‥‥‥‥‥‥102
　　　6．研究の成果と今後の課題‥‥‥‥‥‥‥‥‥‥‥‥‥104
　第4節　ニートにならないために‥‥‥‥‥‥‥‥‥‥‥‥‥‥107
　　　1．生涯発達と健康‥‥‥‥‥‥‥‥‥‥‥‥‥‥‥‥‥107
　　　2．乳幼児期の発達‥‥‥‥‥‥‥‥‥‥‥‥‥‥‥‥‥108
　　　3．児童期の生涯発達と学習‥‥‥‥‥‥‥‥‥‥‥‥‥115
　　　4．青年期の生涯発達と自立‥‥‥‥‥‥‥‥‥‥‥‥‥122
　第5節　本章のまとめ‥‥‥‥‥‥‥‥‥‥‥‥‥‥‥‥‥‥‥125

第3章　小中学校における「循環型教育」の実践‥‥‥‥‥‥‥‥‥127
　第1節　「循環型教育」‥‥‥‥‥‥‥‥‥‥‥‥‥‥‥‥‥‥‥127
　　　1．「循環型教育」の背景‥‥‥‥‥‥‥‥‥‥‥‥‥‥‥127
　　　2．「循環型教育」の定義‥‥‥‥‥‥‥‥‥‥‥‥‥‥‥127
　　　3．「循環型教育」の類型‥‥‥‥‥‥‥‥‥‥‥‥‥‥‥128
　　　4．「循環型教育」に関連する法令の改正‥‥‥‥‥‥‥‥131
　第2節　「循環型教育」としての学校支援地域本部事業‥‥‥‥138
　　　1．事業の背景と目的‥‥‥‥‥‥‥‥‥‥‥‥‥‥‥‥138
　　　2．三重県における事例‥‥‥‥‥‥‥‥‥‥‥‥‥‥‥140
　　　3．文部科学省における学校支援地域本部事業の調査‥‥‥143
　　　4．本部事業の成果‥‥‥‥‥‥‥‥‥‥‥‥‥‥‥‥‥156
　第3節　本章のまとめ‥‥‥‥‥‥‥‥‥‥‥‥‥‥‥‥‥‥‥158

第4章　高等教育機関における「循環型教育」の実践･･････････････161
　第1節　地域と共生する大学づくりのための全国縦断熟議
　　　　　「熟議 2011 in 三重大学　対話と協働〜未来に向けて〜」･･････161
　　1．「熟議2011」の背景と目的･･････････････････････････････161
　　2．「熟議」を授業で扱うことの意義･･･････････････････････162
　　3．第1回「熟議」における討論のサブテーマ･･････････････165
　　4．第1回「熟議」の進行とファシリテーターの役割････････168
　　5．第1回「熟議」参加者による評価･･･････････････････････172
　　6．第1回「熟議」を教材とした授業『キャリア形成・能力
　　　　開発』の評価･･･････････････････････････････････････174
　第2節　大学教育改革地域フォーラム 2012 in 三重大学
　　　　　「いま、変える 大学の学び」･････････････････････････181
　　1．「大学教育改革地域フォーラム2012」の背景と目的･･･････181
　　2．第2回「熟議」における討論のサブテーマ･･････････････182
　　3．第2回「熟議」の概要とタイムライン･･･････････････････183
　　4．「熟議のまとめ」による提言･･･････････････････････････184
　　5．第2回「熟議」参加者による評価･･･････････････････････189
　　6．第2回「熟議」を教材とした授業『キャリア形成・能力
　　　　開発』の評価･･･････････････････････････････････････191
　第3節　若者雇用・人材育成フォーラム2013 in 三重大学
　　　　　「いまキャリア・チャレンジ やる気スイッチはどこにあるのか？」
　　　　　･･197
　　1．「若者雇用・人材育成フォーラム 2013」の背景と目的･･････197
　　2．第3回「熟議」における討論のサブテーマ･･････････････197
　　3．第3回「熟議」の概要とタイムライン･･･････････････････198
　　4．第3回「熟議」参加者による評価･･･････････････････････201

5．第3回「熟議」を教材とした授業『キャリア形成・能力開発』の評価・・・203
　　6．「循環型教育」としての「熟議」の総括・・・・・・・・・・・・・・・・・・・209
　第4節　本章のまとめ・・・213

第5章　まとめと展望・・・217
　第1節　各章のまとめ・・217
　第2節　課題と今後の展望・・・・・・・・・・・・・・・・・・・・・・・・・・・・・・・・・・・218
　　1．「生涯キャリア教育」の役割・・・・・・・・・・・・・・・・・・・・・・・・・・・218
　　2．学校・家庭・地域社会の連携による「循環型教育」のすすめ・・・218
　　3．「知」の拠点としての大学の役割・・・・・・・・・・・・・・・・・・・・・・・219
　　4．「生涯キャリア教育奨励法」の制定・・・・・・・・・・・・・・・・・・・・・219

第1章　生涯キャリア教育

第1節　我が国のキャリア教育の先行研究

1．職業指導のはじまり

　我が国は明治維新に資本主義経済体制へ移行し、1872年には「学制」が頒布（義務教育制）された。学制の中で、資本主義生産に不可欠の科学知識・技術は学校教育の中で習得すべきという原則が示され、技能習得のための職業訓練は学校教育で、職場では「技能工養成」「職業補導」という二系統に展開された[1]。職業指導が一般に普及し始めたのは大正中期から昭和初期にかけてである[2]。

　1921年には職業紹介法が制定され、従来の慈善博愛的・貧民救済的から社会政策的・産業助成的な職業紹介事業へと変化し、同年には東京市中央職業紹介所（神田橋）内に性能検査少年相談部が開設されて、新紀元を画し、その後の隆盛の基礎をたてた[2]。その頃は、性能診査・精神検査に基づく選職指導が行われ、産業界、労働界でも労働者の作業心理や衛生・生理等、労働科学的な研究とともに作業能率や合理的・科学的な雇用選抜法に関する調査研究が盛んに行われるようになった[2]。

　1923年頃から、「高等小学校での職業指導が組織的・計画的に織り込まれるようになり、1925年には東京府職業紹介所（飯田橋）に東京府少年職業相談所が併設された[3]。同年に内務・文部両省「少年職業紹介に関する件」の通牒を発した。これは学校と職業紹介所とが相互に連絡提携して啓蒙普及に努めることを主眼とした[4]。この通牒は、我が国の職業指導の歴史において政府の考えを公式に表明した最初のもので、とくに職業紹介所側の職業指導を促進させるのに大きな力[3]となった。

　1926年、内務省は中央職業紹介委員会答申「少年職業紹介に関して一層その実績を挙げるにもっとも適切有効なる施設」（ここでの施設は施策の意）

を、そのまま各地方長官あてに通牒した。文部省も少年職業指導に関する協議会を開催し、これを機に財団法人大日本職業指導協会が成立した[3]。1927年には「個性尊重及び職業指導に関する訓令」の大臣訓令及び次官通牒[3]を発し、「職業指導の根本は全く教育の本旨に包含されるべきものであって、たとえ職業選択の指導において職業紹介と密接な関係をもつとしても、それは労務の需給関係に由来するものではないから、教育の本旨から離れるわけではない[3]」と述べている。

しかし、1935年頃になると、我が国の職業指導は「個性尊重」「選職の自由」等の基本理念が後退し、徐々に国家主義的な戦時政策に基づく強制徴用や適職配置措置が強まっていった[2]。たとえば「国家総動員法」「小学校卒業者の職業指導に関する件（訓令）」(1938)、「職業指導強調運動」「国民徴用令」(1939)、「国民学校における職業指導に関する件（通牒）」(1942)等が相次いで制定・公布された。

2．進路指導への移行

1947年制定の「学校教育法」では、中学校の教育目標（第3章［目標］第36条の2）に、「社会に必要な職業についての基礎的な知識と技能、勤労を重んずる態度及び個性に応じて将来の進路を選択する能力を養うこと[4]、高等学校の教育目標（第4章［目標］第42条の2）は、社会において果たさなければならない使命の自覚に基づき、個性に応じて将来の進路を決定させ、一般的な教養を高め専門的な技能に習熟させること[5]」と記している。

1947年に初めて『学習指導要領』（試案）が出され、小学校に家庭科、中学校に職業科が新設され、「生徒は経験範囲も狭く、個性も正確には分かっていない時期であるだけに、生徒の生活経験を広め、職業に対する適性を発見させる意味を重要視しなければならない[4]」と記されている。

『学習指導要領—職業指導編』には、「職業指導とは、個人が職業を選択し、その準備をし、就職し、進歩するのを援助する過程である[6]」とあり、その留意点は要約すると次の通りである。

①個性：各個人を各方面から捉え、総合的に取り扱い、個別に処理する
②職業の所要条件：職業や上級学校の差異を生徒に充分に知らせ、その個性と諸条件に応じて、適当な職業や学校を発見するよう指導すべきである
③個人的権利：選職や進学の決定は生徒の自由意志に任されるところであるが、その方向が完全であるとは考えられないので、そのため充分な忠告と援助が必要である
④職業の変転への適応の必要：社会情勢も個人の持つ諸条件も変化するので、両方の調節に関する援助がその場に応じてされるべきであり卒業後補導の活動である[6]

職業指導の定義については、1937年に米国職業指導協会（NVGA）が提示した定義である「一つの職業を選び、それに向かう準備をし、その生活に入り、かつその生活において進歩するよう個人を援助する過程である。それは、主として将来の計画を立て、生涯の経歴を打ち立てる上の決定と選択-満足すべき職業的適応性をもたらすのに必要な決意と選択-を行う個人を援助することである」をそのまま翻訳援用[7]している。

1949年に出された『職業指導の手引き』においても上記の定義を再掲し、「職業指導とは、個人が生活費を得て、自己及び社会にもっとも有益な生活をするように、個人に職業訓練を与えた上に、その天賦の才能を発見し、活用することを奨励する過程である」と併記し、米国職業指導協会の定義（1939）を引用している[7]。

1951年に、文部省（当時）は職業指導の手引書『学校の行う就職指導』に、「職業指導とは、生徒の個人資料、進学・就職情報、啓発的経験、相談、斡旋、補導などの機能を通して、生徒が自ら将来の進路を計画し、進学・就職して、さらにその後の生活によりよく適応し、進歩するように、教師が教育の一環として援助する過程である[9]」と定義している。そして、この文言を多少修正する形で、1955年の職業指導の定義が出された。

1958年の小中学校学習指導要領改定では、「職業指導」の用語が「進路指

導」へ変更された。文部省は「職業指導という用語が就職希望者の指導援助と解される傾向があり」「職業紹介機関の職業斡旋との混同を避けるため[7]」と説明している。教育課程の基本方針の一つに「進路・適性に応じた教育の徹底」が謳われ、中学校では「進路指導」が学級活動に含まれ、ホームルームの中に位置づけられた。

　1960年の高等学校学習指導要領改訂では、能力・適性・進路に応じたコース制や教科AB別等が基本方針とされた。呼称変更直後の1961年の『文部省進路指導の手引き―中学校学級担任編』では、「進路指導は、生徒の個人資料、進路情報、啓発的経験及び相談を通して、生徒が自ら、将来の進路の選択、計画をし、就職または進学して、さらにその後の生活によりよく適応し、進歩する能力を伸長するように、教師が組織的、継続的に指導・援助する過程である[10]」と定義している。これは1995年当時の定義とほぼ同一であり、職業指導のままを引き継いでいる。

　「職業指導」の文言が「進路指導」に変更されたにもかかわらず、「①教員免許法の職業指導免許が［職業指導］の名辞のまま今日まで残され、②高等学校の職業系教科の教員免許取得のために必要となる［職業指導］がやはり今日まで存続し、③職業安定法の第5条第4項に示される［職業指導］との相互関係が曖昧なままにされていること[9]」と、職業安定法に基づく職業指導は今日でも学校教育の一環として実践が続けられている。とくに、③に示した職業安定法との関係の論理的未整理[11]」はそのままである。職業安定法でいう「職業指導とは、職業に就こうとする者に対し、その者に適応な職業の選択を容易にさせ、及びその職業に対する適応性を大ならしめるために必要な実習・指示・助言その他の指導を行うこと[11]」をいう。

　1970年代は不景気な時代に入り、高学歴が評価される風潮に教育の大衆化は止まらず、難問化する入試問題に対応するために通塾率が上昇した。こうした状況を是正しようと1977年の小中学校学習指導要領改訂（高等学校1978）で「ゆとり教育」を導入した。その理由は次の通りである。

・量的に拡大し、程度が高くなりすぎた学習内容の見直し

・児童生徒の立場に立った人間中心主義の教育への転換
・知識の伝達に偏りすぎた状況を見直し自ら考え主体的に判断し行動できる人間の育成[11]

　そして、ゆとりのある学校生活を送るために、教育内容の精選と授業時間の大幅な削減がされた。1977年（同改訂版1983高等学校）『進路指導の手引き』には、「進路指導とは、生徒の一人一人が、自分の将来の生き方への関心を深め、自分の能力・適性等の発見と開発に努め、進路の世界へ見聞を広くかつ深いものとし、やがて自分の将来への展望を持ち、進路の選択・計画をし、卒業後の生活によりよく適応し、社会的・職業的自己実現を達成していくことに必要な生徒の自己指導能力の伸張を目指す、教師の計画的、組織的、継続的な指導・援助の過程と言い換えることもできる[12]」と定義している。

　1985～1987年には、内閣直属の臨時教育審議会が教育全般の改革を図るための基本的方針について4次の答申を出し、「生涯学習社会への移行」を打ち出した。教育改革の必要性として、①学歴社会の弊害の是正、②学習者の関心度の高度化、内容の多様化への対応、③科学技術の高度化、国際化・情報化の進展等の対応[13] を挙げている。

　基本的な方向は、①個性重視、②基礎・基本の徹底、③創造性・考える力・表現力の育成、④選択の機会の拡大、⑤教育環境の人間化、⑥生涯学習体系への移行、⑦国際化への対応、⑧情報化への対応[14] で、学校教育では学校週5日制、高校総合学科設置、中等学校6年制等、教育の多様化の政策を提言した。

　1989年に、文部省は全国中高等学校における進路指導の実態調査結果を公表した。それによると、「進路指導で標準テストの結果など、学力に関する資料が多く利用されているのとは対照的に、職業観や人生観の形成等に対する援助が充分に行われているとはいえない状態であった[15]」という。このことに端を発して業者テストに対する批判が高まり、1993年の最終報告書では、中学校に対して私立高等学校入学選抜資料として偏差値の情報提供の禁止、中学校

の業者テストへの関与の全面禁止等を明示した。これを受けて、中学校から業者テストを排除する旨が通達された。しかし、業者テストを排除する施策は次の問題を生むことになった。①塾や予備校への過度の依存、②小規模校における進路指導の困難さ、③新たな輪切り指標の創出などが挙げられる。公的なテストを全県挙げて実施してきた以外の県では、業者テストと不可分に結びついており、偏差値に変わる新たな資料を見い出せない状況か、または充分な論議を経ないままに違う新たな輪切り策を生み出した[15]。

3．総合的な学習

　文部省は「受験競争の過熱化、いじめや不登校の問題、学校外での社会体験の不足等、豊かな人間性を育むべき時期の教育にさまざまな問題が生じている[16]」として、1998年の学習指導要領改訂（高等学校1999、施行2002）で「総合的な学習」を創設した。それは、1998年の中央教育審議会答申「21世紀を展望した我が国の教育の在り方について」（第1次答申）で「生きる力が全人的な力であるということを踏まえると、横断的・総合的な指導を一層推進し得るような新たな手だてを講じて、豊かに学習活動を展開していくことがきわめて有効」「一定のまとまった時間（総合的な学習の時間）を設けて横断的・総合的な指導を行うこと[17]」という提言を受けたのである。そのねらいは次の通りである。

　①自ら課題を見つけ、自ら学び、自ら考え、主体的に判断し、よりよく問題
　　を解決できる資質や能力を育てること
　②学び方やものの考え方を身につけ、問題の解決や探求活動に主体的、創造
　　的に取り組む態度を育て、自己の生き方を考えること[18]

　具体的には、「自然体験やボランティア活動の社会体験、観察・実験、見学や調査、発表や討論、ものづくりや生産活動等、体験的な学習、問題解決的な学習を積極的に取り入れ、学校の裁量で地域の実情に応じた特色ある教育活動を展開し、教科を横断的に捉えた体験的、問題解決的な学習、グループ学習

等[18]」、多様な活動を実践することである。

進路指導に関しては、中学校学習指導要領「進路指導の充実」の項（第1章第6の2（4））で、「生徒自らの生き方を考え主体的に進路を選択することができるよう、学校の教育活動全体を通じ、計画的、組織的な進路指導を行うこと[19]」とし、「社会の変化に主体的に対応できる能力の育成を重視するとともに、生徒が自らの生き方を考え、将来に対する目的意識を持って主体的に自己の進路を選択決定し、生涯にわたる自己実現を図っていくことができるような能力や態度を育成することが重要[19]」と説明している。

とくに、「中学校段階では心身両面にわたる発達が著しく、自己の生き方に関心が高まる時期にある。このような発達段階にある生徒が自分自身を見つめ、自分と社会との関わりを考え、さまざまな生き方や進路選択の可能性を理解するとともに、自らの意志と責任で自己の生き方、進路選択することができるよう適切な指導援助[19]」する。学校や教師が「学校選択の指導から生き方の指導への転換」「進学可能な学校の選択から進学したい学校の選択への指導の転換」「100％の合格可能性に基づく指導から、生徒の意欲や努力を重視する指導への転換」、及び「教師の選択決定から生徒の選択決定への指導」への転換を図り、特別活動の学級活動を中核とし、学校行事の勤労生産・奉仕的行事における進路に関わる啓発的な体験活動及び個別活動としての進路相談を通じて、生徒の入学時から各学年にわたり、学校の教育活動全般を通じ、系統的、発展的に行っていく必要がある[19]」という。

また、1998年の学習指導要領改訂では、「学校や学級生活に充分適応することができない等の理由から、学習への意欲を失ったり、人間関係に関わる問題を抱えたり、あるいは不登校の状態に陥ったりする生徒がみられること[19]。学習における選択や進路の選択にあたって、目的意識を持たず、選択にあたって適切に対応できず、自分を見失いがちな生徒もみられること。こうした課題を踏まえ、学校生活における生徒一人一人の自己実現を進めていく[19]」とガイダンス機能の充実について初めて示された。

ガイダンス機能の充実は、すべての生徒が学校や学級の生活によりよく適応

し、豊かな人間関係の中で有意義な生活を築くようにするとともに、選択や決定、主体的な活動に関して適切な指導・援助を与えることによって、現在及び将来の生き方を考え行動する態度や能力を育てる上で、きわめて重要な意味を持つ。具体的には、学習活動等、学校生活への適応、好ましい人間関係の形成、学業や進路等における選択、自己の生き方等に関わった、生徒がよりよく適応し、主体的な選択やよりよい自己決定ができるよう、適切なガイダンスを行う[19]ものである。

　以上のように、『進路指導の手引き』の文言や、中学校教育の目標に「個性に応じて将来の進路を選択する能力を養うこと[20]」(同法第36条第2号)と明記されているにもかかわらず、将来の生き方や在り方について重点をおくわけでもなく、成績表や偏差値に照らし合わるような進路指導が実施されてきた。そこには、将来の生き方や在り方の視点は見あたらず、合否の可能性を勘案して進学先や就職先を探すという発想がおもであった。

　アメリカ合衆国において1971年に始まったキャリア教育改革は、今村(1972)により「キャリア・エデュケーション[21]」として『月刊 学校経営』に初めて紹介されたが、我が国において全国的な普及へと繋がらなかった。仙﨑(1979)は「キャリア」の定義を次のように述べている。

①伝統的・特殊な仕事あるいはその仕事に就くための特別なコースや経歴を指す場合、たとえば、高級官僚や外交官等でキャリア組、ノンキャリア組という使い方をする。

②人が全生涯の職業生活の中で従事する仕事の連鎖的な繋がり、たとえば、キャリア階梯career ladder、職業経歴career pattern、それらの指導という意味でcareer guidanceというように使われる。

③人生の諸段階で人が果たすことを期待されている、あるいは、果たしていく役割roleの意味を持たせる場合、たとえば人間は生活の諸段階の中で、学生として・市民として・スポーツマンとして・隣人として・職業人として、民主的社会の意地・発展のために多くの役割を果たさなければならな

い。キャリア教育はそのための役割自覚・役割実演を育てるライフ・ロール教育life role education[22]」という。

戦後の学校教育における職業能力開発の法令には産業教育振興法（1951）が挙げられる。1956年に科学技術庁の発足し、翌年に中央教育審議会答申「科学技術教育の振興方策について」が出された。同年、史上初のソ連の人工衛星スプートニクが打ち上げられた。産業教育振興法は「学校教育における農業・工業・商業・水産業やその他の産業関連、いわゆる産業教育の振興を目指し、総合計画の確立、教育内容・方法の改善、施設・設備の整備・拡充等を図ること[23]」が謳われた。とくに、中高等学校の産業教育の施設・設備の充実が図られ、各学校に木工機械、工作機械、通信機器、内燃機関、製図等の備品が導入され、産業教育の振興に有効であったばかりでなく、戦後の産業経済の発展に寄与した[23]。

経済社会の変化に伴い、1985年の理科教育及び産業教育審議会最終答申「高校における今後の職業教育改善の在り方」では、「今後の高校職業教育の改善の視点について、①産業経済の変化への対応、②生徒の多様化に応じた弾力的措置、③柔軟性を備えた職業人の育成、④開かれた職業教育の展開[23]」の4点を明示している。

同1985年には、さらなる国際化や少子高齢社会、技術革新の進展等による職業能力のキャリアアップを促進するために、職業訓練法が「職業能力開発促進法」に改められた。1992年に若年労働力の減少、技能離れの風潮等の中で、公共の教育訓練体制の整備充実による高度・多様な職業能力開発機会の提供や技能振興施策に関する改正が行われた[24]。

1986年の臨時教育審議会2次答申では、「職業教育の充実発展のために、①高校職業科の職業教育の充実、②普通科での職業基礎教育の充実、③職業認識の向上、④社会人教師の登用、⑤専修・各種学校、公共職業訓練施設の活性化[23]」について明記されている。

1997年には、急激な産業構造の変化の中で高度な技術を有する人材育成の

ための職業能力開発大学校設置、職業訓練の高度化、職業人の自発的なキャリア開発の促進を内容とする改正を行った。

1998年（2002施行）の学習指導要領改訂では、①総合高校や中高一貫校の急増、高卒者の就職率悪化、②大学全入化時代、定員割れ大学、③経済・産業構造・雇用システム変化、学校から職業への移行に関する困難さ、雇用不安等への支援策の必要性が強調され、「総合的な学習」の創設、「生きる力」の育成、普職統合や職業教育改善、進路指導・ガイダンスの必要性[19]が提言された。戦後の高度経済成長時代における労働力不足、とくに技術労働者の著しい不足や技術革新の急激な進展に伴う職務内容の変化に対応するために、職業訓練法として抜本的な整備を図るために『職業能力開発促進法[24]』（1969　法律第64号）が制定されたが、その後、経済成長の低下や厳しい雇用状況等、職業訓練に対して新たな期待がかけられて改正された。

2001年には従来の企業主導の企業内キャリア教育に加えて、社員個人の生き方やライフプランに合うようなキャリア形成を支援する体制と職業能力評価制度の整備に関する改正を雇用対策法等と併せて行った。基本理念を要約すると次の通りである。

　①職業に必要な就業者の能力（以下、職業能力）を開発し向上させるために支援する

　②雇用や産業の動向、経済・産業構造や国際情勢の変化に対応できる能力を開発する

　③職業生活の全期間を通じ、段階的・体系的に職業能力開発への支援が行われる[24]

これらの基本理念は時代の要請を受けたもので、学校教育との重複を避けるが密接な連携をすること、青少年に対する職業訓練はその個性に応じ、またその適性を生かすように配慮して行われなければならないとしている。この「職業能力開発促進法」により職業能力開発基本計画が策定され、1971年に職業能力開発基本計画が策定され、「第7次職業能力開発基本計画[24]」（2001〜

2005）が策定された。

キャリア形成支援に関するおもな施策を次に挙げる。

①キャリア形成の促進のための支援システムの整備

　例：キャリア形成促進助成金、キャリア・コンサルタント能力評価試験の基準策定

②職業能力開発に関する情報提供、整理及び提供体制の充実強化

　例：人材ニーズ等の情報の収集とデータベース化、能力開発基本調査等

③職業能力を適正に評価するための基準、システムの整備

　例：技能検定の受験資格要件の緩和、実施職種の拡大等

④職業能力開発に必要な多様な教育訓練機会

　例：教育訓練給付制度の指定講座の重点化、指定基準の改正等[25]

　我が国の企業では、これまでは終身雇用制が多く、就職後に独自の企業内教育を実施していた。しかし、近年の産業構造の変化、就業者の職業意識の多様化等に伴う早期退職、雇用のミスマッチ等を解消し、雇用の安定を図るために、職業能力開発の重点施策として就業者の自主的なキャリア形成を支援するシステムが進められて、社員のライフプランを勘案した人事異動や配置転換が行われるようになってきた。

　2003年には、文部科学大臣、厚生労働大臣、経済産業大臣、経済財政政策担当大臣・内閣官房長官が若者自立・挑戦戦略会議を開催して、やる気のある若者の職業的自立を促進するために、①キャリア形成・就職支援、②労働市場の整備、③能力向上、④就業機会創出について盛り込んだ「若者自立・挑戦プラン[26]」を策定した。同年に「青少年育成施策大綱[27]」を策定して、若者の社会的自立支援にキャリア教育が必要であると明記した。

　2004年、キャリア教育の推進に関する総合的調査研究協力者会議による報告書では、「児童生徒一人一人の勤労観、職業観を育てるために[28]」の中に「キャリアは個々人が生涯にわたって遂行するさまざまな立場や役割の連鎖及びその過程における自己と働くこととの関係付けや価値つけの累積[28]」と明記された。キャリア教育が求められる背景として、「①経済のグローバル化が進

展し、コスト削減や経営の合理化が進む中、雇用形態等も変化し、求人の著しい減少、求職と求人の不適合、②若者の勤労観、職業観の未熟さ、職業人としての基礎的資質・能力の低下等」[28]が指摘された。

4．「若者雇用戦略」と「教育再生会議」

　厚生労働省は、就業者の自主的な能力開発の推進として、就業者が自主的に能力開発に取り組むことを支援し、雇用の安定等を図るために教育訓練給付制度[29]を創設した。これは1998年の雇用保険法改正を受けた制度で、一定条件を満たす一般雇用保険者が教育訓練施設に支払った教育訓練経費について支給される[29]。

　ビジネスキャリア制度は、教育訓練機関等が実施する教育訓練に対して厚生労働大臣が認定し、試験を実施する制度である。就業者が自分の職務を遂行するために必要な専門的知識・能力を体系的・段階的に習得し、職業能力を計画的に開発できる学習システムで、厚生労働大臣認定の修了認定書を実務能力の証明として活用できる。事業主にとっては社員の能力開発を客観的に把握でき、職務基準の見直し・整備や社員の人材配置の参考になる[30]という。また、2003年にはキャリア形成促進助成金[31]を新設した。これは、企業が必要とする能力を社員が向上できるように取り組む際の助成制度である。

　また、都道府県や雇用・能力開発機構の職業能力開発施設で実施される公共職業訓練では、求職者や在職者等に対して必要な技能や知識の教育訓練を行っている。職業訓練の受講者の授業料は原則無料で、訓練修了まで雇用保険給付金が支給され、修了後にハローワーク（公共職業安定所）が優先的に就職を斡旋している。

　2004年にはキャリア教育の推進に関する総合的調査研究者会議で、「キャリア教育とは、端的に、児童生徒一人一人の勤労観、職業観を育てる教育」と定義し、学校の全ての教育活動を通して推進するとして、早速に若年者のキャリア形成支援のための施策が動きだした。

　①教育段階から職場定着に至るキャリア形成・就職支援の実施

- 2004年度から中高生自らが職業に関する取材、職業体験、ボランティア体験等を行う「中高生仕事ふれあい活動支援事業」の継続と拡充
- 「総合的な学習」の時間を活用した「ジュニア・インターンシップ」等の推進
- 企業人等を講師として学校に派遣し、キャリア探索プログラムを小中高校で実施
- 就職活動に必要な知識や基本的な実務能力を育成するキャリアガイダンスの充実
- 若年者ジョブサポーター(就職支援相談員)をハローワークに配置

②日本版デュアルシステムの導入
- 若年者を対象とする新たな人材養成システム

③若年者向けキャリア形成支援の推進
- 生涯にわたり雇用の安定を図るための主体的なキャリア形成支援
- 若年者向けのキャリア・コンサルタントに必要な能力基準の策定と訓練
- 若年者相互の拠点となるヤングジョブスポットの民間委託化

④若年労働市場の整備
- 実践的能力評価・公証の仕組みの整備
  若年者就職基礎能力の修得に向けた若年者自身のアクションプラン
- 新規学卒者に対する支援
  新規高卒者に就職相談、職場見学・実習、就職準備講習等の実施
  適職選択のための適性検査、求人情報の提供
  未就職卒業者への短期の職業講習、職業訓練等の実施
- 若年失業者に対する支援
  「若年者トライアル雇用」事業と職場定着の指導等[28]

 2011年には、中央教育審議会答申「今後の学校教育におけるキャリア教育・職業教育について」では、全ての大学にてキャリア教育を義務化することが盛り込まれた。次いで、若者の失業率が上昇し、非正規雇用の割合が増加す

る等、若者雇用を取り巻く厳しい環境の中で、自ら職業人生を切り拓ける骨太な若者への育ちを社会全体で支援するために、2012年に内閣の「若者雇用戦略[32]」「若者雇用戦略推進協議会[33]」を設けた。

　2013年には、内閣府に「教育再生実行会議[34]」が設置されて、教育改革全般や若者雇用についての審議が継続されている。会議では「いじめの問題、教育委員会制度等の在り方、大学教育等の在り方、今後の学制等の在り方」等について討議されている。

第2節　生涯キャリア教育の背景と課題

　1990年代からの景気低迷の影響で、社会・経済構造が激変して終身雇用制や年功序列体系が崩壊して雇用環境が変化している状況を背景に、児童生徒及び若年者をとりまく状況も変化し、多くの課題がみられる。おもな課題として、厚生労働省若年者キャリア支援研究会は、①精神的・社会的自立の遅れ、コミュニケーション能力の不足、②偏差値にこだわる進路指導とキャリア教育との乖離、④勤労観・職業観の未熟さ、職業人基礎的能力の低下、⑤若年無業者（ニート）、フリーター、早期離職者の急増を挙げている。そして、このような課題を放置すれば本人の問題にとどまらず、我が国の経済・社会にとって大きな問題を発生させかねない[35)]。

　1つ目の問題として、若年期に修得すべき職業に関する知識や技能を修得できないことにより、当面の就職困難をもたらすだけでなく、将来にわたって本人の能力不足、不安定就労を招来する。

　2つ目として、若年者の能力蓄積不足、不安定就労状況の長期化は、将来にわたり国全体の技能・技術レベルの向上を阻害し、我国の唯一の資源である「優秀な労働力」という強みを失わせ、成長力の低下や社会の衰退をもたらす。

　3つ目として、こうした若年の不安定就労の長期化は家庭を持ち、子どもを生み育てる生活基盤の形成を妨げ、社会の一層の少子化を進行させる。

　4つ目として、今後、若年期に能力蓄積ができた者とできなかった者の間に経済格差の拡大、それが世代間で繰り返されることによる子孫を含めた階層化の恐れ、さらには社会不安の増大の懸念もある[35)]と指摘している。

　ここでいう「地域社会」とは、世界大百科事典では「一定の地域の人間関係によって結ばれる社会。地縁を契機として形成される社会であることから、地縁社会ともいう[36)]」、大辞林では「地域とは、①区切られたある範囲の土地。②政治・経済・文化の上で、一定の特徴を持った空間の領域。③国際関係にお

いて一定の独立した地位を持つ存在。地域社会とは、ある一定の地域に住む人々からなる社会、地縁社会[37]」と記載されている。

しかし、「区切られたある範囲」「一定の地域の人間関係によって結ばれる」「地縁を契機として形成された社会」「一定の特徴を持った空間」等のように、対象となる範囲の線引きや背景の事項の定義は抽象的で曖昧である。

そこで、本書では、「地域とは、同じ市区町村内の範囲もしくは行政区分にこだわらない近隣の日常生活圏で、視覚や聴覚など、人間の五感による直接的な情報が頻繁に循環する場所である」と定義する。具体的には、「地域において異年齢・異業種の交流が行われ、さまざまな刺激が循環するので、人々は多様な価値観を理解し、キャリア形成を行うこと」ができる。

さらに、「地域社会とは、[地域]において在住・在学・在勤する人々による構成、多種の社会的カテゴリーの集合体が織りなす共同体（Community）」と定義する。一般的に、日常生活において「地域」と「地域社会」の用語をほぼ同義として扱う場合が多いので、本書では文脈の中で「地域」と「地域社会」を適宜使うこととする。

「生涯キャリア教育」については、新規に「生涯教育とキャリア教育を統合した概念もしくは生涯にわたるキャリア教育」と定義する。

その背景と理由は次の通りである。「生涯教育」の由来はギリシャのポリス（都市国家）に遡り、「生涯教育」の用語は、最初はフランス語で「エデュカシオン・ペルマネンテ（education permanente）」とし、我が国では当初、「永久教育、恒久教育[38]」と訳されていた。

1965年に、ユネスコ継続教育部長ポール・ラングラン（Lengrand. P）が成人教育推進国際委員会に「生涯教育について」と題するワーキングペーパーを提出した。その中で、ラングランは「教育は児童期・青年期で停止するものではない。それは、生きている限り続けられるべきものである、教育は、こういうやり方によって個人並びに社会の永続的な要求に応えなければならない[38]」「生涯教育とは永続的教育を意味し、生涯にわたって統合された教育（Lifelong

Integrated Education)で、人が生まれてから死ぬまでの生涯各期に受ける家庭・学校・社会教育を統合した教育が継続的・有機的に、時間的にも空間的にも統合される[39]」と定義づけている。

　「キャリア教育」の用語は、1971年にアメリカ合衆国連邦教育局長官マーランド（Marland. S. P.）が、「社会変化に対する初等・中等教育の行き詰まりや立ちおくれを打開し、従来の徒弟的・伝統的な職業教育（Vocational Education）を抜本的に見直すために、Career Educationの必要性を唱えた[40]」ことに端を発している。

　マーランドは、「キャリア教育とは、初等・中等・高等・成人教育の初段階でそれぞれの発達段階に応じ、キャリアを選択し、その後の生活の中で進歩するように準備する組織的・総合的教育[40]」と定義している。

　そして、マーランドの下でキャリア教育を全米に拡げる役割を担った連邦教育局キャリア教育次官補ホイト（Hyot, K, B）は、1975年に「キャリアとは、生涯を通じて行う仕事の全体。キャリア教育とは人間としての生き方の一部として仕事について学び、準備することによって得られる経験の全体[41]」と、連邦教育局の公式定義として発表した。

　我が国の厚生労働省では、「キャリアとは、一般に経歴、経験、発展、関連した職務の連鎖等とされ、時間的持続性ないし継続性をもった概念。キャリアを積んだ結果として［職業能力］が蓄積されていく[42]」という。

　本書では、「キャリアとは、本来は物や情報の運び手という意味であり、有給・無給に関わりなく、自分や誰かのために熱意を持って働いて、物や情報を提供する経験や経歴である」と定義する。人は働くことやその経歴に多くの時間を割いているので、それぞれの価値観やアイデンティティ、生き方等が密接に関係する。つまり、「キャリア教育とは、人としての在り方や生き方を学ぶ教育」といえる。

　そして、「生涯教育は生涯にわたって、いつでも・どこでも・だれでもが、大いに学び、自己実現を目指すことを支援し、キャリア教育は生涯にわたって

生きることや仕事を通してキャリア形成し、その能力を発揮して個人と組織・地域との共生を目指すことを支援する」と捉える。

端的に言えば、「生涯キャリア教育は、学校を卒業しても生涯にわたり学び続け、職業を通して自分の能力を向上させて行くこと」である。「生涯キャリア教育」が学校・家庭・地域社会の連携により新しい価値や資産を生み出し、地域を変革（地域イノベーション[43]）し、他地域に影響を及ぼし拡がっていくと、グローバルイノベーションへと繋がっていく。（図1－2－1）

「若年者」とは、厚生労働省「雇用の構造に関する実態調査（若年者雇用実態調査）」の中で、「若年労働者を15～34歳の労働者」と規定していることから、「15～34歳[44]」とする。

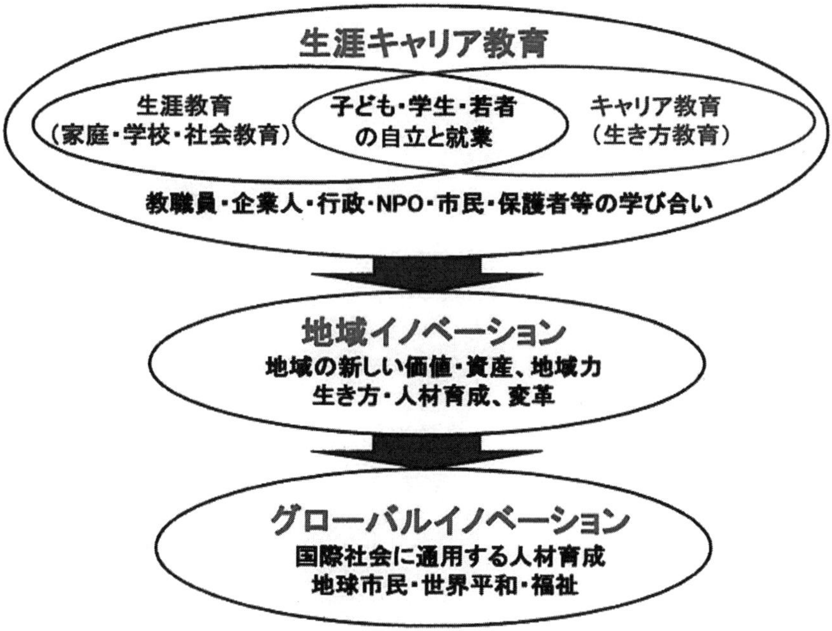

図1－2－1　生涯キャリア教育からグローバルイノベーションへの流れ

第3節 「学校・家庭・地域社会の教育力」に関わる問題

1．不登校

「不登校」について、文部科学省は「学籍があるのに何らかの心理的、情緒的、身体的あるいは社会的要因・背景により、登校しないあるいはしたくともできない状況にあるために年間30日以上欠席した者のうち、病気や経済的な理由による者を除いたもの[45]」と定義している。全国で不登校の状態にある小中高校生は2011年には約17万人であった。小学生では6年生がもっとも多く、小学生の不登校児童全体の33.25％を占める。中学校では3年生がもっとも多く、中学生の不登校生徒全体の41.36％を占めている。（表1－3－1）

不登校状態が長く続けば必然的に学校で友人と共に学ぶ時間が軽減し、学力面でも厳しい状況になり、友人とのコミュニケーションも希薄になることは免れない。それがマイナス要因となり進路先未決定のまま卒業し、若年無業者に繋がる傾向が大きいという問題がある。

表1－3－1　2011年度の不登校児数（人）

	全国人数	不登校	人口比に占める割合
小学生	7,063,606	22,327	316人に1人（0.32％）
中学生	3,612,747	94,836	36人に1人（2.77％）
高校生	3,351,367	56,296	60人に1人（1.68％）
合　計	14,027,720	173,459	87人に1人（1.23％）

（2011年度　文部科学省学校基本調査）

2．ひきこもり

「ひきこもり」については、厚生労働省では「仕事や学校に行かず、かつ家族以外の人との交流をほとんどせずに6カ月以上続けて自宅に引きこもっている状態、時々は買い物などで外出することもあるという場合もひきこもりに含める[46]」と定義している。

内閣府が2010年に実施した「若者の意識に関する調査（ひきこもりに関す

る実態調査)」で、無作為抽出の全国15以上39歳以下の5,000人（回収3,287人、有効回答率65.7%）にひきこもり経験を聞いたところ、「ふだんは家にいるが、近所のコンビニなどには出かける」「自室からは出るが、家からは出ない」「自室からほとんど出ない」に該当した者（「狭義のひきこもり」）が23.6万人、「ふだんは家にいるが、自分の趣味に関する用事の時だけ外出する」（「準ひきこもり」）が46.0万人、「狭義のひきこもり」と「準ひきこもり」を合わせた広義のひきこもりは69.6万人と推計されている[47]」という結果であった。（表1-3-2）

表1-3-2　ひきこもり群の定義と推計数（内閣府）

	有効回収数3,287人に占める割合（%）	全国の推計（万人）	
ふだんは家にいるが、近所のコンビニなどには出かける	0.40%	15.3	狭義のひきこもり23.6万人
自室からは出るが、家からは出ない	0.09%	3.5	
自室からほとんど出ない	0.12%	4.7	
ふだんは家にいるが、自分の趣味に関する用事のときだけ外出する	1.19%	準ひきこもり46.0万人	
合計	1.79%	広義のひきこもり69.6万人	

資料出所：内閣府「若者の意識に関する調査（ひきこもりに関する実態調査）2010」
注：15〜39歳の5,000人を対象として3,287人（65.7%）から回答を得た。ひきこもり群の状態で6カ月以上のみ集計。「現在の状態のきっかけ」で統合失調症または身体的な病気と答えた者、自宅で仕事をしていると回答した「ふだん自宅にいるときによくしていること」で「家事・育児をする」と回答した者を除く。全国の推計数は有効回収数に占める割合に総務省「人口推計」（2009年）の15〜39歳人口3,880万人を乗じたもの。狭義のひきこもり23.6万人は厚生労働省「ひきこもりの評価・支援に関するガイドライン」の推計値25.5万世帯とほぼ一致する。

3．少年の犯罪

「少年の犯罪の低年齢化」については、少年による凶暴な犯罪が多発したことを受けて2001年に改正少年法が施行され、刑罰適用年齢を16歳から14歳に引き下げられた。

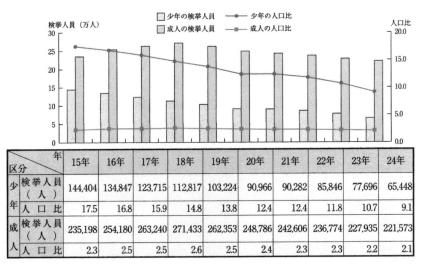

図1−3−1　刑法犯少年の検挙人員及び人口比の推移（平成15〜24年）

2012年の警察庁生活安全局「平成24年中における少年の補導および保護の概況」では「刑法犯少年の検挙人員は65,448人（前年比15.8％減）で9年連続の減少[48]」である。しかし、「過去10年間の刑法犯少年の検挙人員及び人口比の推移はともに減少傾向にあるが、人口比については依然として成人を大きく上回り、2012年度中は9.1で成人（2.1）の4.3倍を記録した[48]」である。（図1−3−1）

同調査の年齢層別では、「年少少年（14歳、15歳）43.9％、中間少年（16歳、17歳）36.1％、年長少年（18歳、19歳）20.0％で年少少年が最多である。学職別にみると、高校生が2万5,159人でもっとも多く、総数の38.4％を占める。次いで、中学生31.9％、無職少年11.3％、有職少年11.1％、大学生4.7％、その他の学生2.5％の順に多い[48]」である。（図1−3−2、図1−3−3、表1−3−3）

「刑法犯少年の非行」について、「直接の原因・動機は［所有・消費目的］がもっとも多く、67.0％を占める。そのほか、再犯者率の上昇や低年齢化の傾向が認められるなど、少年の非行防止、被害防止の両面で厳しい状況にある」とし、「刑法犯とは、刑法の規定による犯罪[48]」を指している。

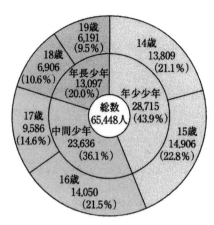

図1-3-2　刑法犯少年の年齢別検挙人員及び構成比（平成24年）

表1-3-3　刑法犯少年の年齢別人口比の推移（平成15～24年）

年 年齢層	15年	16年	17年	18年	19年	20年	21年	22年	23年	24年
年少少年	22.0	20.9	20.2	18.7	18.2	16.6	17.1	16.3	14.9	12.0
中間少年	21.3	20.1	18.7	17.4	15.8	13.8	13.4	12.6	11.4	9.8
年長少年	9.9	10.1	9.4	8.8	7.9	6.9	6.7	6.8	6.0	5.4

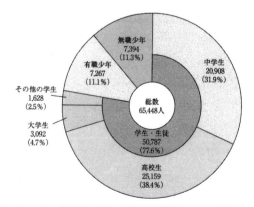

図1-3-3　刑法犯少年の学職別検挙人員及び構成比（平成24年）

第4節 「若者の就業」に関する問題

1．学卒者の状況

　文部科学省の「学校基本調査」(2012)では、「高校卒業後に大学等への進学する割合は2003年には31.5％であったが、2011年には54.4％へと上昇している[49]」。しかし、厚生労働省の調べでは、「新規大学卒業者の卒業後の状況は2003年の大学院進学者が7.0％、就職者81.3％、2011年では大学院進学者が12.8％、就職者が61.6％で、進学する人が増えている。一方で大学卒業時に就職も進学もしていない人は2003年に2.6％であったが、2011年には10.7％（就職希望者以外も含む）に増えている[50]」という。

　大学では、従来からキャリアガイダンスや就職にかかわる支援事業を教員の努力で推進してきた学部もあれば、事務部の就職課等が一括して担当している学部もある。また、従来の共通教育カリキュラムには、「生き方、進路選択、仕事と社会、個人と組織の共生」等について考える内容を盛り込んだ科目が少なく、学生たちは発達段階に沿って将来について考える機会もないまま、就職活動を始めている状況である。このような就職活動の流れに乗れない学生が、進路先未決定のまま卒業していくという事例が増加している。若年無業者やフリーター、早期離職者を合わせて300万人という現実を目の当たりにして、若者の就業に関わる問題の兆しは在学中にあることが、ようやく認識され始めた。

　こうした状況に鑑みて、近年は「生き方や進路」について考えるキャリア教育科目をカリキュラムの中に設置する大学が増えてきた。近年の社会・労働環境を勘案して、全国の大学で就職支援課からキャリアセンターへと名称変更をする流れも定着した。

　しかし、多くの大学のキャリアセンターの担当者たちは、「就職困難な学生が増加している」と感じている。つまり、「未就職者の特徴は、多い順に「自分の意見や考えをうまく表現できない」と5人に一人が答え、次いで「就職活

動をスタートするのが遅い」「何をしたらいいのか分からない[50]」を挙げている。続けて「自信がない」「教員や職員にほとんど相談しない」「エントリーシートがかけない」など、就職活動の当初からつまずいている可能性がある[50]と回答している。たとえば、就職活動を続行できないで自己肯定感を持てない学生の場合には、「入学早々から卒業までの一貫した進路指導が必要」と考えている。周りの家族や教員たちの温かい励ましやカウンセラーの的確なアドバイスや対処も大きな鍵となる。

別の角度から言い換えると、早い段階で就職内定を手にする学生と、卒業まで就職先が見つからない学生が混在し、「進路先未決定のまま卒業する学生が無業者になる傾向が大きい」という問題が所在する。

2．早期離職者の状況

1990年代からの景気低迷の影響で、社会・経済構造が激変して終身雇用制や年功序列体系が崩壊し、雇用環境も変化している。厚生労働省は、早期離職者や若年無業者、非正規雇用のフリーター等が増えていることを問題視し、現代の若年者に関するおもな課題を次のように挙げている。

①精神的・社会的自立の遅れ、コミュニケーション能力の不足
②偏差値にこだわる進路指導とキャリア教育との乖離
③通塾の拡大、高学歴志向、不本意進学、高校・大学不適応・中退、職場不適応
④勤労観・職業観の未熟さ、職業人基礎的能力の低下
⑤早期離職者の増加等[51]

このうち、「早期離職」については「卒業後3年以内に離職する人の割合は中学卒約7割、高校卒約5割、大学卒約3割」で、いずれも高水準で推移している[51]。とくに1年以内の離職率が高くなっている。離職した若者の多くが前職（非正社員を除く）を離職したことについて、「よかった」と答えている。

前職の離職理由について決め手になったものとして、回答数の多い順では

「仕事上のストレスが大きい」「給与に不満」「労働時間が長い」「会社の将来性・安定性に期待が持てない[52]」と回答している。

3．フリーターの状況

「フリーター」については、「217万人（2003）をピークに5年連続で減少したが、2009年から増加に転じて2011年は176万人（15～24歳83万人、25～34歳93万人）で、前年比2万人（被災地を除く）の増加[53]」である。

フリーターと正社員との生涯年収格差をみると、「年齢が上がれば収入が増加する正社員に比べて、パート・アルバイトはほとんど挙がらず、横ばい状態である。正社員とそれ以外の雇用形態との賃金格差は年齢が高くなるにつれて広がっており、45～54歳では正社員の半分で、女性についても同様の傾向がみられる[54]」。企業側では、フリーター経験をマイナスに評価する企業は全体の40％で、その理由で多い順に「根気がなくいつ辞めるかわからない」「年齢相応の技能、知識がない」「職業に対する意識などの教育が必要である」「責任感がない」で、一方プラスに評価する企業は2％と少数である[54]という。

フリーターから正社員への転職状況は、フリーター期間が半年以内の場合は男性で約6割、女性で約8割が正社員になっている。しかし、フリーター期間が3年を超えると正社員になれた割合は男性約5割、女性約3割で、フリーター期間が長いと正社員になることがむずかしくなる[55]という。

そして、①正社員に比べると職業能力開発の機会にも格差がある。②非正規雇用は正規雇用に比べると有配偶者率も低い（若年男性）ことが判明した[55]。

4．若年無業者（ニート）の状況

「若年無業者」[53]の定義は、「総務省労働力調査に基づく15～34歳の非労働力人口の中から学生と専業主婦を除き、求職活動に至っていない者」としている。若年無業者は2002年以降60万人台で推移し、2012年は63万人で、35歳以上でも数が減らずに長期化[56]している。（表1－4－1）

2013年3月現在の学校卒業時点で「就職を希望しながら未就職のまま卒業

する人が約4.2万人（新規高卒者0.4万人、新規大卒者3.8万人の状況である[57]）。若年無業者の類型について、内閣府は①求職型、②非求職型、③非希望型（通学・有配偶者を除く、2005）の3類型[57]を挙げている。（表1－4－2）

表1－4－1　若年無業者の総数と年齢別の推移（総務省労働力調査、数字の単位は万人）

年度	2002	2003	2004	2005	2006	2007	2008	2009	2010	2011	2012
総数	64	64	64	64	62	62	64	63	60	61	63
15-19	12	11	10	9	10	9	9	10	9	9	9
20-24	17	16	18	16	17	16	16	16	15	15	17
25-29	18	18	19	20	18	18	18	17	17	18	18
30-34	17	18	18	19	18	18	19	18	17	19	18

2002年から若年無業者の定義の「家事を行わない既婚者」や不登校状態の生徒学生を加えて集計

「ニート[53]（not in education, employment or training, NEET）」という用語は、「教育もトレーニングも受けていない、働いてもいない15～34歳の者」という意味で使用されており、我が国では「若年無業者」と同義に使われている。本書では文脈の中で「若年無業者」と「ニート」を適宜使うこととする。

表1－4－2　若年無業者の類型の概念

若年無業者	高校や大学等に通学しておらず、独身であり、普段収入になる仕事をしていない15歳以上34歳未満の個人（通学・有配偶者を除く）
求職型	若年無業者のうち就業希望を表明し、就職活動中の個人
非求職型	若年無業者のうち就業希望を表明しながら求職活動をしていない個人
非希望型	若年無業者のうち就業希望を表明していない個人

内閣府「青少年の就労に関する研究調査」（2005）より引用

　若年無業者の最終学歴は、高校中退を含めた中学校卒（中卒）が最も多く、とくに学歴が中卒の場合、職業の選択肢が狭まるだけでなく専門学校や教習所・職業訓練施設等への入学も制限されることと、中卒で取得可能な免許・資格（ただし普通自動車免許などは所定の年齢に達すれば中卒でも取得できる）が制限されるため、無業者に陥る割合が高くなる様子が窺える。全階級を通じて病気や怪我など健康上の理由や親の介護などで就労に向けての各種活動を行えないと回答する者が3割前後[58]という結果である。（表1－4－3）

表1-4-3　若年無業者の年齢別の最終学歴（人/100人）

年齢別	中学卒	高校卒	大学卒
15-19	16	9.3	－
20-14	10.5	4.5	1.9
25-29	9	3.3	1.3
30-34	8.6	2.4	1.1
35-39	8.7	2	0.8
40-44	10.4	1.8	0.9

平成19年版就業構造基本調査働政策研修・研究機構
資料：2010年12月厚生労働省職業能力開発局「勤労青少年を取り巻く現状について」

「就職活動をしない理由」は、「病気・けがのため」が3割弱で、中学卒では「知識・能力に自信がない」「探したが見つからなかった」「希望する求人がありそうにない」がつづく、高卒も「知識・能力に自信がない」がつづく。一方で、大卒では、キャリアアップに向けて「進学や資格取得などの勉強をしている」とする者が他の学歴と比して突出している[54]。（表1－4－4）

表1-4-4　若年無業者が就職活動をしない（できない）理由（人/100人）

理由	合計	学歴			就業経験あり	就業経験なし
		中学卒	高校卒	大学卒		
探したが見つからなかった	7.8	9.6	7.8	6.6	8.4	6.9
希望する仕事がありそうにない	7.2	8.6	6.5	7.2	6.9	7.7
知識・能力に自信がない	11.1	11.5	12.4	9.1	10.9	11.5
病気・けがのため	28.7	26.1	29.1	29.7	32.3	22.8
育児や通学のため	0.6	0.3	0.9	0.4	0.8	0.3
家族の介護・看護のため	0.8	0.1	1.2	0.8	1.1	0.3
急いで仕事に就く必要がない	6.1	5.1	6.5	6.2	7.1	4.5
進学や資格取得などの勉強中	12.3	5.6	9.2	20.4	11.7	13.3
その他	25.3	33.2	26	19.6	20.8	32.7

資料：労働政策研究・研修機構「若年者の就業状況・キャリア・職業能力開発の現状-2007年版就業構造基本査」2010年12月3日付厚生労働省職業能力開発局「勤労青少年を取り巻く現状について」

また、労働政策研究・研修機構が「入職初期のキャリア形成における問題」について3,392社について聞いたところ、「指示されたことはできるが、自ら

考え行動することができない」が65.6％、次いで「新しいことにチャレンジする意欲が低い」と「社会人として基本的な常識やマナーが身についていない」が同率42.2％で続いている[59]。（図1－4－1）

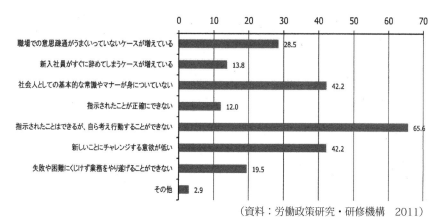

（資料：労働政策研究・研修機構　2011）

図1－4－1　入職初期のキャリア形成における問題（ｎ＝3392　複数回答　％）

第5節　本章のまとめ

　我が国において、第二次世界大戦直後に学習指導要領（試案）がつくられ、教育の新しい体制が整備された。その折、「職業・家庭科」が新設された経緯を考えると、敗戦で荒廃した生活の安定や教育の建て直しのために職業・就職指導が重要視され、子どもに「生きる力」を育成すべきという必要性が科目の新設に凝縮されたと考えられる。

　そして、指導要領の中では「適当な職業や学校を見つけよ」と明記しながら、「社会の情勢と個人の条件も勘案せよ」と、時には妥協しなければならない現実にも言及している。また、卒業後の指導も視野に入れるが、結局は「個別的に対応せよ」と謳っている。しかし、「職業指導とは職業を見つけること」という命題が前面に出されており、「将来の生き方を考えた上で職業を考える」という視点は、まだ盛り込まれていなかった。

　1958年に職業指導から進路指導へ転換されたが、就職を斡旋しているという誤解を払拭し、就職と進学の双方に対応することを示そうとした。現実には、進学者数の急増から合・不合格の判別に便利な偏差値による進路指導へとシフトしてしまった。そして、次の「学習指導要領改訂（小学校1968、中学校1969、高等学校1970）」では、教育の効率化と教育内容の精選が行われたが、現実には教科内容がレベルアップされて学習量も増えて、学力不振者が増えてた。

　こうした問題の背景には、「不登校や引きこもり、犯罪の低年齢化、親子や友人関係におけるコミュニケーションが希薄な状況、学力低下等、学校・家庭・地域社会における教育力が脆弱な状況」がある。また、近年の若者の就業に関して、「無業者（ニート）・フリーター・早期離職者の増加、精神的・社会的自立の遅れ、コミュニケーション能力の不足」などが社会問題化しており、その要因として従来からの偏差値にこだわる進路指導や不本意入学による学校不適応、事務室任せの就職支援のあり方等を見直す必要がある。

【引用文献】
1）斎藤将（1994）.『職業能力開発体系』，酒井書店，p.142.
2）仙崎武・野々村新・渡辺三枝子編（1993）.『進路指導論』，福村出版，pp.13-14.
3）藤本喜八（1991）.『進路指導論』，恒星社厚生閣，pp.37-42.
4）文部省（1947）.『中学校学習指導要領』 http://roppou.aichi-u.ac.jp/joubun/s22-26.htm
5）文部省（1999）.『高等学校学習指導要領』 http://roppou.aichi-u.ac.jp/joubun/s22-26.htm
6）文部省（1947）.『学習指導要領―職業指導編』，日本職業協会，p.3.
7）藤田晃之（1997）.『キャリア開発教育制度研究序説―戦後日本における中学校教育の分析―』，教育開発研究所，pp.51-54.
8）文部省（1949）.『職業指導の手引き』
9）文部省（1951）.『学校の行う就職指導』（職業指導の手引書），p.2.
10）文部省（1961）.『進路指導の手引き―中学校学級担任編』日本職業指導協会，p.1.
11）文部省（1977）.『小中学校学習指導要領改訂』
12）文部省（1983）.『進路指導の手引き―高等学校ホームルーム担任編』，日本進路指導協会，p.3.
13）宮崎冴子（2001）.『21世紀の生涯学習』，理工図書，p.33.
14）臨時教育審議会答申（1986）.「教育改革に関する第二次答申」 http://www.mext.go.jp/b_menu/hakusho/html/others/detail/1318297.htm
15）藤田晃之（1997）.『キャリア開発教育制度研究序説―戦後日本の中学校教育の分析―』教育開発研究所，pp.3-4.
16）文部省（1998）.『小学校指導要領解説―総則編―』，p.1.
　　文部省（1999）.『中学校学習指導要領解説―総則編―』，p.1.
17）文部省（1998）.『小学校指導要領解説―総則編―』，pp.45-46.
　　文部省（1999）.『中学校学習指導要領解説―総則編―』，p.50.
18）文部省（1999）.『中学校学習指導要領解説―総則編―』，pp.54-59.
19）文部省（1999）.『中学校学習指導要領解説―総則編―』，pp.88-90.
20）学校教育法第36条第3号
21）今村令子（1972）.「キャリア・エデュケーション」『月刊　学校経営』第一法規，p.11.
22）仙﨑武（1979）.『欧米におけるキャリア・エデュケーション―職業と労働を核とした新しい学校教育の創造と実践―』，p.2.
23）厚生労働省（2004）.「キャリア教育の推進に関する総合的調査研究協力者会議」報告書，p.187.
24）職業能力開発促進法（1969　法律第64号）
25）厚生労働省（2001～2005）.『第7次職業能力開発基本計画』
26）文部科学省（2004）.「若者自立・挑戦プラン（キャリア教育総合計画）の推

進」 http://www.mext.go.jp/a_menu/ikusei/wakamono/
厚生労働省（2004）.『厚生労働白書』「若者自立・挑戦プラン」 http://www.mext.go.jp/a_menu/ikusei/wakamono/

27) 内閣府（2003）.「青少年育成施策大綱」2003.1.2.9 http://www8.cao.go.jp/youth/suisin/taikou_201212/html/mokuji.html
28) キャリア教育の推進に関する総合的調査研究協力者会議（2004）.「キャリア教育の推進に関する総合的調査研究協力者会議報告書〜児童生徒一人一人の勤労観，職業観を育てるために〜」 http://www.mext.go.jp/b_menu/shingi/chousa/shotou/023/toushin/04012801.htm
29) 厚生労働省（2014）.「教育訓練給付制度（一般教育訓練給付・専門実践教育訓練給付）について」 http://www.mhlw.go.jp/stf/seisakunitsuite/bunya/koyou_roudou/shokugyounouryoku/career_formation/kyouiku/index.html
30) 厚生労働省（2011）.「ビジネスキャリア制度をリニューアル」 http://www.mhlw.go.jp/houdou/2007/07/h0726-1.html
31) 厚生労働省（2014）.「キャリア形成促進助成金」 http://www.mhlw.go.jp/stf/seisakunitsuite/bunya/koyou_roudou/koyou/kyufukin/d01-1.html
32) 内閣府（2010）.「若者雇用戦略」 http://www5.cao.go.jp/keizai1/wakamono/wakamono.html
33) 内閣府・文部科学省・厚生労働省・経済産業省（2012）.「若者雇用戦略推進協議会第1回」 http://www.kantei.go.jp/jp/singi/koyoutaiwa/suisin/dai1/gijisidai.html
34) 内閣府（2013）.「教育再生実行会議」 http://www.kantei.go.jp/jp/singi/kyouikusaisei/
35) 厚生労働省若年者キャリア支援研究会（2003）.「若者の未来のキャリアを育むために〜若年者キャリア支援政策の展開〜」厚生労働省若年者キャリア支援研究会報告書 http://www.mhlw.go.jp/houdou/2003/09/h0919-5e.html
36) 加藤周一編（2007）.『世界大百科事典第』（2007）. 平凡社，p.553.
37) 松村明編（2009）.『大辞林第二版（中）』（2009）. 三省堂，p.1615.
38) ポール・ラングラン（1970）.「生涯教育について」，波多野完治訳，森隆夫編著（1970）.『生涯教育』帝国地方行政学会，p.238.
39) 宮崎冴子（2011）.『21世紀の生涯学習』，理工図書，p.18.
40) 仙﨑武・池場望・宮崎冴子（2005）.『新訂21世紀のキャリア開発』，文化書房博文社，pp.15-19.
41) Hoyt, K.B.（1975）An Introduction to Career Education U.S Education, pp.3-4. Career is the totality of work one does in his or her lifetime. Career Education thus becomes the totality of experiences through which one learns about and prepares to engage in work as part of her or his way of living.
42) 厚生労働省（2002）.「キャリア形成を支援する労働市場政策研究会報告書」 http://www.mhlw.go.jp/houdou/2002/07/h0731-3html
43) 経済産業省（2014）「地域イノベーション」 http://www.meti.go.jp/policy/

local_economy/tiikiinnovation/
44) 厚生労働省（2010）.「雇用の構造に関する実態調査（若年者雇用実態調査）」 http://www.mhlw.go.jp/topics/2010/01/tp0127-2/12.html
45) 文部科学省（2011）.「学校基本調査［不登校］」 http://www.mext.go.jp/b_menu/toukei/001/08121201/1282588.htm
46) 厚生労働省（2014）.「ひきこもり」 http://www.mhlw.go.jp/seisaku/2010/02/02.html
47) 内閣府（2010）.「若者の意識に関する調査（ひきこもりに関する実態調査）」 http://www8.cao.go.jp/youth/kenkyu/hikikomori/pdf_index.html
48) 警察庁生活安全局少年課（2012）.『平成24年中における少年の補導および保護現況』，pp.1-27．https://www.npa.go.jp/safetylife/syonen/hodouhogo_gaiyou_H24.pdf
49) 文部科学省（2012）.「学校基本調査」 http://www.mext.go.jp/b_menu/toukei/chousa01/kihon/1267995.htm
50) 労働政策研究・研修機構（2010）.「高校・大学における未就職者卒業者支援に関する調査」，http://www.jil.go.jp/institute/research/2010/081.htm
51) 労働政策研究・研修機構（2011）.「入職初期のキャリア形成と世代間コミュニケーションに関する調査」，http://www.jil.go.jp/institute/research/2012/097.htm
52) 労働政策研究・研修機構（2007）.「若年者の離職理由と職場定着に関する調査」 http://www.jil.go.jp/institute/research/2007/036.htm
53) 総務省統計局（2012）.「労働力調査（基本集計）」

　　フリーターの定義は，「15～34歳で，男性は卒業者，女性は卒業者で未婚の者，雇用者のうち勤め先における呼称が「パート」または「アルバイト」である者，完全失業者のうち探している仕事の形態が「パート・アルバイト」の者，非労働人口のうち希望する仕事の形態が「パート・アルバイト」で，家事・通学等をしていない者で，雇用されている人の合計（総務省）

　　若年無業者とは，内閣府の定義では，「高校や大学などの学校及び予備校・専修学校などに通学しておらず，配偶者のいない独身者であり，ふだん収入を伴う仕事をしていない15歳以上34歳以下の個人である」とし，端的にいえば，「若年無業者とは15～34歳の非労働力人口のうち家事も通学もしていない者」である．

　　ニート（not in education, employment or training, NEET）という用語は，もともとは1999年におけるイギリスの16～18歳の若者が無業者であることが判明したことを受けて，労働政策として社会的排斥防止局を創設し，社会的排斥防止局による調査報告書"BRIDGING THE GAP"の中にある一文"Bridging the Gap: New Opportunities for 16 -18 years olds not in education, employment or training"の"not in education, employment or training"という部分の頭文字を取り，「NEET」と略したことに由来する．

　　イギリスでは「NEET」は教育，雇用，職業訓練のいずれにも参加していな

い，義務教育修了後の16〜18歳（ないし19歳）までの者と定義されている．
54) 労働政策研究・研修機構（2007）．「若年者の就業状況・キャリア・職業能力開発の現状―平成19年版「就業構造基本調査」特別集計より―」 http://www.jil.go.jp/institute/chosa/2009/09-061.htm
55) 労働政策研究・研修機構（2006）．「大都市の若者の就業行動と移行過程―包括的な移行支援にむけて―」18〜29歳，正規課程の学生，専業主婦を除く http://www.jil.go.jp/institute/reports/2006/072.htm
56) 文部科学省・厚生労働省・経済産業省（2013）．『未内定就活生への集中支援2013』 http://www.mhlw.go.jp/stf/houdou/2r98520000031t3e.html
57) 内閣府（2005）．「青少年の就労に関する研究調査」 www8.cao.go.jp/youth/kenkyu/shurou/chukan.pdf
58) 労働政策研究・研修機構（2010）．「平成19年版就業構造基本調査」 http://www.stat.go.jp/data/shugyou/2007/gaiyou.htm
59) 労働政策研究・研修機構（2011）．「入職初期のキャリア形成と世代間コミュニケーションに関する調査」

第2章　若年無業者の課題と生涯キャリア支援

第1節　若年無業者の課題に関する背景

　若年無業者の課題に関する背景には、前述のように若年無業者が2002年以降60万人台で推移し、35歳以上でも数が減らずに長期化している[1]点が挙げられる。また、2013年3月の学校卒業時点で「就職を希望しながら未就職のまま卒業する人が約4.2万人（高卒者0.4万人、大卒者3.8万人）の状況である[2]。

　本章では、若年無業者の実態を検証するために、アンケート調査の結果を踏まえて若年無業者支援対策に関する提言を行う。

　宇都宮市は2006年の「第2次宇都宮市青少年健全育成計画[3]」に基づき、「自立に困難を抱える青少年（若年無業者）に関する生活の状況[4]」に関する聞き取り調査を行ったが、筆者は青少年自立支援対策検討専門員会議座長としてアンケート作成から回答結果の分析、政策提言までを担当した。その過程で、内閣府が定義している「求職型・非求職型・非希望型」の無業者類型や年齢区分で比較検討した。2007年3月には専門会議から「宇都宮市青少年自立支援対策提言書[5]」を市に提出した。

　同年6月に宇都宮市が「宇都宮市若年無業者実態調査報告書[4]」を発表し、同年9月に「宇都宮市青少年自立プラン[6]」が策定された。このプランは「第2次宇都宮市青少年健全育成計画[3]」の重点施策「自立支援の推進」、第5次宇都宮市総合計画[3]における特定課題と位置づけられた。

　2008年には条例が策定されて、自立支援対策のための「宇都宮市青少年自立支援センター（ふらっぷ）[7]」が設立された。設置の目的は「青少年の社会的な自立に向けた支援及び非行の未然防止を行うことにより健全な育成を図り、青少年福祉の向上を図る[7]」ためである。

第2節　若年無業者に関する先行調査

1. 若年無業者の実態調査（新潟県）

　新潟県の若年無業者数は2002年に若年無業者が約14,000人、独身の家事手伝いを含めると約17,000人（表2－2－1）であった。新潟県内の若年無業者の割合は3.3%で、全国で4番目に高い。男性は4.3%（約9,500人）で3番目、女性は2.2%（約4,600人）で12番目に高かった[8]。そこで、2005年に「ニートに関する実態調査研究会」に委託してカテゴリー別に県内若年者と事業所にアンケート調査を実施した[8]。その報告書では県内の若年無業者や若年就労者をめぐる実態を検証し、施策に提言した。（表2－2－1）

表2－2－1　新潟県と全国の有業・無業の状況
（15-34歳男女、在学中は除く、2002）[8]

	合計(千人)	正社員(役員含む)	非典型雇用	求職者	若年無業者	独身家事従事者
全国	25,128	55.4%	18.6%	7.7%	2.6%	0.8%
新潟	429	61.1%	17.9%	6.3%	3.3%	0.6%
		262千人	77千人	27千人	14千人	3千人

注）ゴシックで表した人数（単位：千人）は公表数字ではなく、本表の数値から逆算して算出したもの。資料：独立行政法人労働研究・研修機構「若者就業支援の現状と課題」2005年

　調査の対象は、①若年者全般（モバイルアンケートのモニター会員で無職を含み、学生は含まない、以下モバイルアンケートという）、②就業者（非正規社員を含む、以下、就業者アンケートという）、③求職者（既卒者、以下、既卒求職者アンケートという）、④求職者（学生、以下学生求職者という）、⑤事業所の5つに分けている[8]。（表2－2－2）

表2-2-2 アンケートの対象者と調査時期、調査方法、有効回答[8]

カテゴリー：調査対象者		調査時期	調査方法	有効回答
モバイル	県内在住のモバイルアンケートのモニターのうち15歳～34歳の独身男女1000人	平成17年8月	携帯電話を使ったアンケート調査	1,047名
就業者	新潟県賃金労働時間等実態調査（平成17年度）の対象事業所のうち、常用雇用者30人以上の事務所（969事業所）に勤務する34歳以下の独身男女（各事業所に原則として正社員2名、非正社員3名ずつとし、年齢・性別等のバランスを考慮の上配布するよう依頼	平成17年7月～8月	対象事業所に調査票を郵送、人事担当者から任意に配布いただき、無記名で郵送にて回収した	1,023名 回収率21.1%
既卒求職者、学卒求職者	若者しごと館/ジョブカフェを利用して求職活動をしている34歳以下の男女（既卒者と学生に分かれる）	平成17年7月～8月	窓口にて配布、回収した	558名、学生256名
事務所	新潟県賃金労働時間等実態調査（平成17年度）の対象事業所のうち、常用雇用者30人以上の969事業所	平成17年7月～8月	対象事業所に調査票を郵送し、記名・郵送にて回収	469事業所・回収率8.4%

資料：新潟県産業労働部労政雇用課「本県若年者を取り巻く環境等実態調査」（2005）を基に作成

1）モバイルアンケートで、「最後に在学した学校を卒業または中退した直後、どのようなことをしていたのか」と尋ねたところ、「正社員」として働いていた割合が低いのは中学卒（11/24人、45.8％）と中途退学者（高校、短大、高専、専修・専門、大学・大学院の中途退学者（16/70人、22.9％）であり、「パート・アルバイト」として働いていた割合が高いのは、やはり中学卒（6/24人、25.0％）と中退（30/70人、42.9％）[8]で、中学卒では「特に何もしていなかった」と答えた割合が高い（3/16人、12.5％）。ただし、その他の学歴別人数は高校卒389人、短大・高専卒125人、専修・専門学校卒242人、大学・大学院卒194人、その他3人である[8]。（図2-2-1）

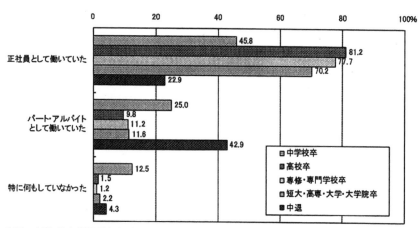

資料:新潟県産業労働部労政雇用課「本県若年者を取り巻く環境等実態調査」(2005)を基に作成

図2-2-1 卒業直後の状況(モバイルアンケート、n=1047人)[8]

2)「正社員として働いていた人以外」の回答者289人に、その理由を複数回答で聞いた。全体の回答では「正社員として働ける会社がなかったから」が最も高く、次いで「とりあえず収入が欲しかった」24.6%、「自分の夢を実現したかったから」16.3%、「なんとなく」が12.1%と続いている[8]が、学歴別の割合は図2-2-2の通りである。

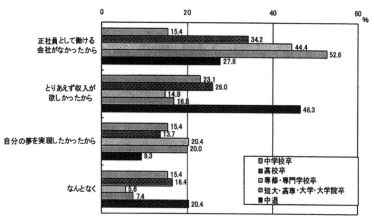

資料:新潟県産業労働部労政雇用課「本県若年者を取り巻く環境等実態調査」(2005)を基に作成

図2-2-2 正社員として働かなかった理由(モバイルアンケート、n=289人)[6]

3）学校卒業前の就職活動を行うにあたり、「どのような気持ちを持っていたか」を複数回答で尋ねた。無職（休職なし）の者は、「希望通りにならなければ、無理に就職する必要はない」という割合が高く（3/16、18.8％）、「やりたい仕事がはっきりと決まっていた」という割合が低い（1/16人、6.3％）。また、無職（求職なし、求職中とも）では「社会人として働いていく自信がない」（求職なし：3/16人、18.8％、求職中：6/33人、18.2％）とする若者がほぼ5人に1人、さらには「自分の能力・適性に合った仕事が分からなかった」（求職なし：8/16人、50.0％、求職中：17/33人、51.5％）とする若者が2人に1人の割合でいる。現在働いている者より明らかに高い割合を占めている[7]。（図2－2－3）

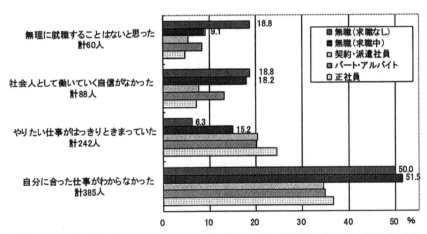

資料：新潟県産業労働部労政雇用課「本県若年者を取り巻く環境等実態調査」（2005）を基に作成

図2－2－3　学卒時の就職活動に当たっての気持ち
（モバイルアンケート、n＝289人）[8]

4）「事業所に対して、正社員を採用する場合、どのような能力を重視するか」を複数回答（3つまで）で尋ねている。同様に、若年者にも正社員として働いていくうえで、「どのような能力が重要であると思うか」を複数回答（3つまで）で尋ねている[8]。（表2－2－3）

表2－2－3　正社員に求める能力（％）[8]

	事業所・学卒 N=469	事業所・中途 N=469	モバイル N=1,047	就業者 N=1,023	求職者・既卒 N=302	求職者・学生 N=256
コミュニケーション能力	35.0	42.4	39.2	30.4	38.4	54.3
一般常識・教養	27.9	27.7	63.8	55.9	33.8	37.1
行動力・実行力	16.0	23.7	30.9	29.9	24.2	28.1
創造性・企画力	16.0	24.3	3.9	3.4	5.3	7.8
専門知識・技能	10.2	44.1	28.2	27.9	29.5	32.4
協調性・バランス感覚	8.3	10.4	27.8	22.2	20.9	18.8
健康・体力	2.1	5.8	15.3	24.7	16.6	18.0
語学力・国際感覚	1.9	2.6	0.9	0.7	3.0	2.3
パソコン活用能力	0.2	0.2	5.9	7.3	23.8	16.8

資料：新潟県産業労働部労政雇用課「本県若年者を取り巻く環境等実態調査」（2005）を基に作成

5）事業所に対して、「若年者が学校を卒業後、スムーズに仕事に就くためにどのような取組が有効か」を複数回答で尋ねている。事業者が最も高く評価したのは「職業に役に立つ基礎教育（ビジネスマナー等）の充実」である。業種や企業規模を問わず最も重視されているが、前述の正社員に求める能力として「コミュニケーション能力」を重視することと通じるものがある[8]。（表2－2－4）

表2－2－4　スムーズな就職のために有効な取組（％）[8]

	事業所 N=469	モバイル N=1,047	就業者 N=1,023	求職者・既卒 N=302	求職者・学生 N=256
職業に役立つ基礎教育（ビジネスマナー等）の充実	49.7	50.0	35.0	28.5	33.2
義務教育段階での職場見学などの充実	36.5	32.1	35.7	40.7	32.8
高校以降のインターンシップなどの充実	36.2	27.4	25.4	33.4	35.5
職業訓練（デュアルシステム）の充実	28.1	33.3	23.7	23.5	16.8
公的職業紹介、相談機能の拡大	18.1	26.1	25.4	26.2	24.6
企業の採用慣行の見直し（中途、既卒の拡大）	13.9	29.2	29.9	21.2	16.0
インターネット上の求人情報や検索機能の拡大	7.5	8.3	14.6	16.6	30.1

資料：新潟県産業労働部労政雇用課「本県若年者を取り巻く環境等実態調査」（2005）を基に作成

6）すべてのカテゴリーに対して「ニートが増加した原因は何か」を尋ねているが、どのカテゴリーにおいても最も回答が多かったのは「若者の働くことに

ついての意識の変化」である。事業所では76.5％、モバイルで63.9％、就業者64.6％、求職者（既卒）57.9％、求職者（学生）65.6％（いずれも複数回答）が、そう考えている。しかし、若年者側（モバイルを除く）では、この「基礎教育」には事業所ほどには高いポイントを置いていない[8]。（表2－2－5）

表2－2－5　若年無業者（ニート）が増加している原因はどこにあるか（％）[8]

		若者の働くことに対する考え方の変化	家庭でのしつけなど	本人の努力不足	不況による経済環境の悪化	学校教育	政府や自治体の取り組み不足	終身雇用制などの企業における雇用慣行の変化	企業における能力主義の浸透
事業所調査		76.5	67.6	44.8	42.6	35.6	18.3	10.4	10.4
若年者	モバイル	63.9	52.1	37.9	48.4	19.0	16.1	14.7	12.0
	就業者	64.6	47.0	43.5	44.9	15.7	13.9	8.8	8.0
	求職者(既卒)	57.9	32.1	42.1	41.1	13.2	12.3	12.9	15.2
	求職者(学生)	65.6	30.5	39.1	39.1	12.5	7.4	10.9	14.5

資料：新潟県産業労働部労政雇用課「本県若年者を取り巻く環境等実態調査」（2005）を基に作成

7)「求職者アンケート」では、既卒者に対して「直前の勤務先を辞めた理由」を尋ねている。最も多い回答は、「仕事の内容が自分に合わなかったから」28.6％で、以下「職場の人間関係がよくなかったから」19.4％、「収入が低かったから」8.9％、「労働時間や休日・休暇の条件が合わなかったから」18.9％と続いている。自分の適性や労働条件に関するミスマッチと、職場での人間関係が離職の原因[7]となっている。また、「若年従業員が離職する主な理由は何か」を尋ねた事業所アンケートでも同様の結果となっているが、特に「仕事の内容が合わなかったため」の割合が高くなっている[8]。（図2－2－4、図2－2－5）

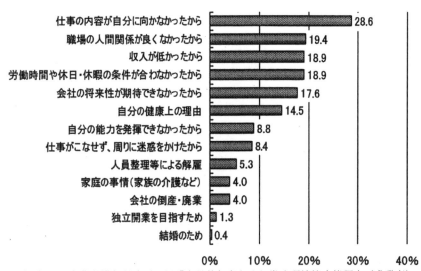

資料:新潟県産業労働部労政雇用課「本県若年者を取り巻く環境等実態調査(求職者)」(2005)を基に作成

図2-2-4 直前の勤務先をやめた理由(既卒求職者、n=302)[8]

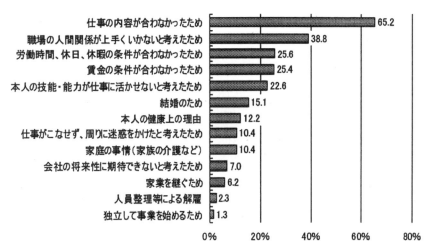

資料:新潟県産業労働部労政雇用課「本県若年者を取り巻く環境等実態調査(事業所)」(2005)を基に作成

図2-2-5 若年従業員が離職する主な理由は何か(事業所、n=289人)[8]

8) 若年無業者の問題解決には、次のようなさまざまな意識に働きかけ、社会の仕組みを整え、変えて、推進していくことが必要である。(図2-2-6)

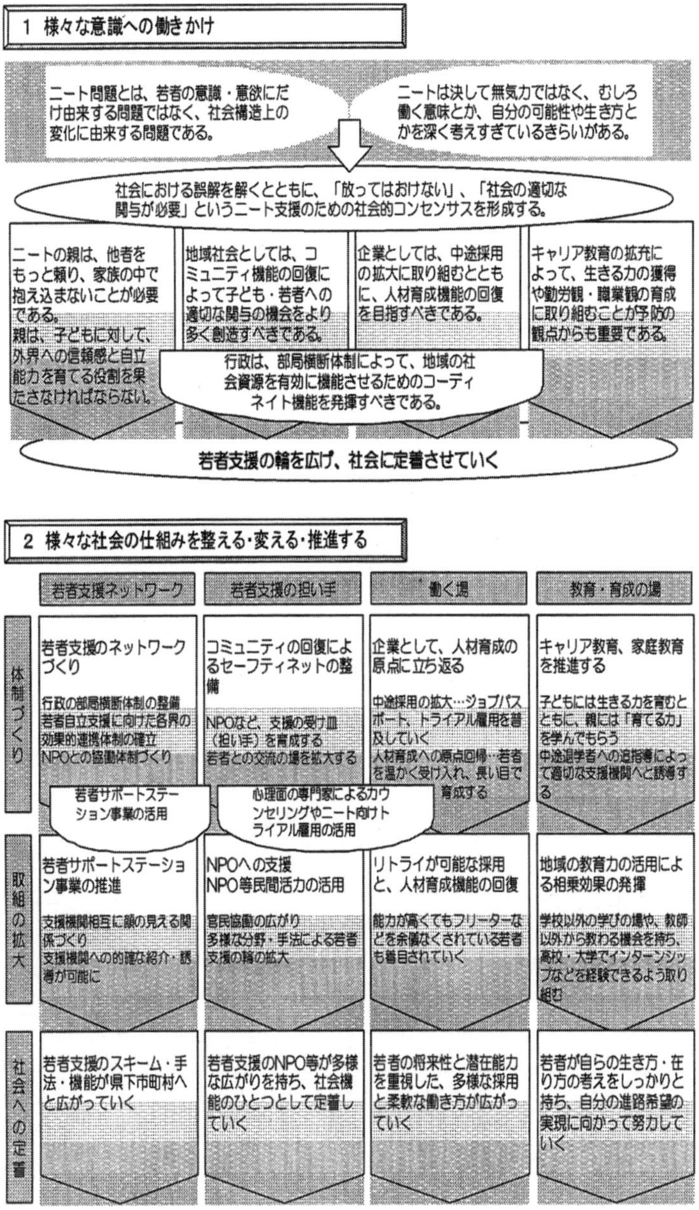

第2章 若年無業者の課題と生涯キャリア支援

1 様々な意識への働きかけ

ニート問題とは、若者の意識・意欲にだけ由来する問題ではなく、社会構造上の変化に由来する問題である。

ニートは決して無気力ではなく、むしろ働く意味とか、自分の可能性や生き方とかを深く考えすぎているきらいがある。

↓

社会における誤解を解くとともに、「放ってはおけない」、「社会の適切な関与が必要」というニート支援のための社会的コンセンサスを形成する。

- ニートの親は、他者をもっと頼り、家族の中で抱え込まないことが必要である。親は、子どもに対して、外界への信頼感と自立能力を育てる役割を果たさなければならない。
- 地域社会としては、コミュニティ機能の回復によって子ども・若者への適切な関与の機会をより多く創造すべきである。
- 企業としては、中途採用の拡大に取り組むとともに、人材育成機能の回復を目指すべきである。
- キャリア教育の拡充によって、生きる力の獲得や勤労観・職業観の育成に取り組むことが予防の観点からも重要である。

行政は、部局横断体制によって、地域の社会資源を有効に機能させるためのコーディネイト機能を発揮すべきである。

若者支援の輪を広げ、社会に定着させていく

2 様々な社会の仕組みを整える・変える・推進する

	若者支援ネットワーク	若者支援の担い手	働く場	教育・育成の場
体制づくり	若者支援のネットワークづくり 行政の部局横断体制の整備 若者自立支援に向けた各界の効果的連携体制の確立 NPOとの協働体制づくり	コミュニティの回復によるセーフティネットの整備 NPOなど、支援の受け皿（担い手）を育成する 若者との交流の場を拡大する	企業として、人材育成の原点に立ち返る 中途採用の拡大…ジョブパスポート、トライアル雇用を普及していく 人材育成への原点回帰・若者を温かく受け入れ、長い目で育成する	キャリア教育、家庭教育を推進する 子どもには生きる力を育むとともに、親には「育てる力」を学んでもらう 中途退学者への迫指導によって適切な支援機関へと誘導する
	若者サポートステーション事業の活用	心理面の専門家によるカウンセリングやニート向けトライアル雇用の活用		
取組の拡大	若者サポートステーション事業の推進 支援機関相互に顔の見える関係づくり 支援機関への的確な紹介・誘導が可能に	NPOへの支援 NPO等民間活力の活用 官民協働の広がり 多様な分野・手法による若者支援の輪の拡大	リトライが可能な採用と、人材育成機能の回復 能力が高くてもフリーターなどを余儀なくされている若者も着目されていく	地域の教育力の活用による相乗効果の発揮 学校以外の学びの場や、教師以外から教わる機会を持ち、高校・大学でインターンシップなどを経験できるよう取り組む
社会への定着	若者支援のスキーム・手法・機能が県下市町村へと広がっていく	若者支援のNPO等が多様な広がりを持ち、社会機能のひとつとして定着していく	若者の将来性と潜在能力を重視した、多様な採用と柔軟な働き方が広がっていく	若者が自らの生き方・在り方の考えをしっかりと持ち、自分の進路希望の実現に向かって努力していく

資料：新潟県産業労働部労政雇用課「本県若年者を取り巻く環境等実態調査」(2005) を基に作成

図2-2-6 様々な意識への働きかけと社会の仕組みを整える・変える・推進する[8]

2．若年者就業意識調査（埼玉県）

（1）若年無業者の就業意識

埼玉県では、県内の15～34歳の若年無業者が1995年の15,729人から2000年には全国4位の45,239人に増えた、その上昇率は185％である。県の総人口に占める割合は2000年では2.8％で、全国平均と同じ割合である[9]（国勢調査の非労働力人口）。

2005年7月～9月に、埼玉県は「若年者就業意識調査」を実施し、埼玉県が委託した埼玉県ニート対策検討委員会が結果を分析・考察し、2006年に埼玉県に最終提言書を出した。

提言書によると、「若年無業者の約4人に3人が親と同居し、約半数は親以外に相談相手がいないと回答しており、社会から孤立している[9]」「若年無業者の3分の2が［働くことに価値がある］と回答しており、健全な職業観を示している。一方で、抱える問題は「健康上の理由、心身疾患、家庭の貧困、学校時代の挫折体験、対人関係上の困難、コミュニケーションの不足、就労へのスキル不足等、さまざまで複雑である[9]」という。（図2－2－7、図2－2－8）

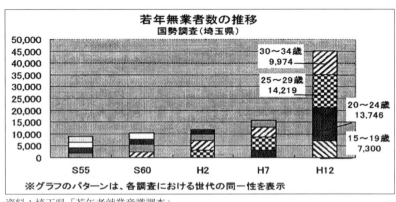

資料：埼玉県「若年者就業意識調査」

図2－2－7　若年無業者数の推移（埼玉県）[9]

第2章　若年無業者の課題と生涯キャリア支援　　51

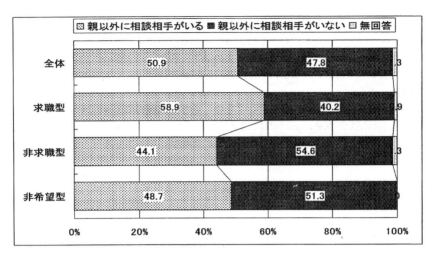

資料出所：埼玉県「若年者就業意識調査」
図2－2－8　若年無業者の就業意識[9]

　フリーターやニートが増加した背景には、第一に経済の長期低迷により労働需要の減少や求人のパート、アルバイト化及び高度化の二極分化が生じ、需要のミスマッチが拡大したこと、第二に将来の目標が立てられない、目標実現のための実行力が不足している若年者が増加していること、第三に社会や労働市場の複雑化に伴う職業探索期間の長期化、実態としての就業に至る経路の複線化、求められる職業能力の質的変化等の構造的変化に、従来の教育・人材・雇用のシステムが十分対応できていないこと[9]等が挙げられる。

（2）若者の自立に向けた取り組み
埼玉県ニート対策検討委員会[10]は、最終報告書に次のように提案している。
①関係機関・団体等が緊密な「連携」を図る
　　ニートの支援は関係機関が綿密な「連携」を図り、若者一人ひとりに対するきめ細かな対応を包括的、継続的に行う「地域における確かな体制」を整備する必要がある。

②「待ち」から「攻め」へ、支援の手を広げる

　自信を喪失し、将来に希望が持てなくなったニートは、一歩前に踏み出したい気持ちを抱えながらも、動き出せずにいる。学校をはじめ、関係機関、関係団体とも密接に連携を図り、自ら相談窓口に出向かないニートの若者やニートになるおそれのある若者等も対象にして、「埼玉方式」ともいうべき支援の構築に取り組む。

③保護者への働きかけを積極的に展開する

　多くのニートが保護者以外の相談相手がおらず、社会との接点は薄い。一方、ニートである状態が続くと、事態はますます悪化し、就労への道のりは一段と険しくなる。若者の社会的自立を効果的に推進するためには、ニートの保護者も支援の対象として、「保護者への働きかけ」を積極的に展開する必要がある[10]。

　以上から、若者に対する包括的な自立支援を実現するため、①「若者自立支援連絡会議（仮称）」の設置、②「若者自立支援センター（仮称）」の設置、③若者自立支援センター（仮称）の運営、④センターの中核事業に労働体験事業の実施、⑤訪問サポート事業の展開、⑥高等技術専門校の活用、⑦学校におけるキャリア教育の充実と支援、⑧保護者を対象とした相談事業・啓発事業の展開等について提言する[10]としている。

第3節 若年無業者に関わる課題と生涯キャリア支援

1．若年無業者に関わる課題の背景

　全国的に若年無業者の増加が社会問題化している中で、新潟県や埼玉県が実態調査を行ったが、宇都宮市にとっても青少年の自立支援対策は大きな課題となっていた。2000年度の国勢調査では、全国における15～34歳の人口約3,448万人のうち若年無業者数は75万人（2.2％）で、栃木県は同じく約53万人のうち若年無業者が約1万人（1.9％）、宇都宮市で15～34歳人口約13万人のうち若年無業者は2,211人（1.7％）という状況[4]である。

　本書では、宇都宮市における実態調査「自立に困難を抱える青少年（若年無業者）の生活状況等」を検証し、青少年の自立支援対策の推進に提言する。

　「宇都宮市若年無業者実態調査」の概要は、「若年無業者に関わる課題と生涯学習支援[11]」として日本生涯教育学会論集29号2008年版に発表している。

2．調査の方法と内容

　「宇都宮市若年無業者実態調査」の実施にあたり、実際の聞き取りは若年無業者の自立支援を行っている4団体が、自立支援事業等で関わりを持っている若年無業者の自宅に訪問して、個別面接方式で聞き取りした。ただし、若年無業者自身で回答が困難な場合は、保護者等による聞き取りも一部実施した。

　なお、本節で使用している図表はすべて「宇都宮市若年無業者実態調査報告書」からの転載の許諾を得ており、調査結果と図表ごとの引用番号と資料出所先についての記載を省略している。調査の内容は、若年無業者の生活状況、心配事、無業者になったきっかけ、勤労観・職業観、社会・地域活動、就業経験、保護者との関係等、「宇都宮市若年無業者実態調査の調査票」の通りである。（表2－3－1）

表2-3-1　宇都宮市若年無業者実態調査票

【基本的事項】

問1. 年齢・性別　　[　　]歳　　1.男　　2.女

問2. 住所地　　1.宇都宮市　　2.宇都宮市外（　　　　　　）

問3. 暮らし方　　1.一人暮らし　　2.家族と同居　　3.その他（　　　　　　）

問4. 家族構成　　あてはまるものに〇をつけてください。
　　　　　　　　父　母　兄（　人）　姉（　人）　弟（　人）　妹（　人）
　　　　　　　　その他（　　　　　　　　　　　　　　　）

問5. 学歴（中退を含む）　[　　]を　　1.卒業　　2.中退
　　【選択肢】1.大学院　2.大学　3.短大・高専　4.専門学校　5.普通高校　6.普通科以外高校　7.中学校

問6. 健康状態
　　1.健康である　　2.どちらかといえば健康である　　3.どちらかといえば健康でない
　　4.健康でない

問7. 支援団体等のかかわりについて
① どのようにしてかかわるようになりましたか？
[　　　　　　　　　　　　　　　　　　　　　　　　　]

② かかわりになった期間はどのくらいですか？
[　　　　　　　　　　　　　　　　　　　　　　　　　]

③ どのような内容（プログラム）でかかわっていますか？具体的に記入してください。
[　　　　　　　　　　　　　　　　　　　　　　　　　]

問8. 経歴等（現在の状態になったきっかけ等）を記入してください。
[　　　　　　　　　　　　　　　　　　　　　　　　　]

【日ごろの過ごし方について】

問9. 起床・就寝時刻　　起床時刻　[　時　分ごろ]　就寝時刻　[　時　分ごろ]

問10. 普段の生活はどこで何をしていることが多いですか？
[　　　　　　　　　　　　　　　　　　　　　　]で
[　　　　　　　　　　　　　　　　　　　　　　]をしていることが多い

問11. 普段の食事はどのようにしていますか？
[　　　　　　　　　　　　　　　　　　　　　　　　　]

問12. 将来の夢はありますか，また，それは何ですか？（1つに〇をつけ，「ある」方はその内容を記入）
　　1.ある（　　　　　　　　　　　　　　　　　　　　　　　　　）
　　2.ない　　3.わからない

問13. 今やりたいことは何ですか？（主なもの3つ以内）
　　1.働きたい　　2.勉強したい　　3.技術や技能を身につけたい
　　4.自分の趣味を広げたい　　5.遊びたい　　6.友達を作りたい
　　7.信頼できる相談者やパートナーを見つけたい　　8.楽をしてお金を稼ぎたい
　　9.その他（　　　　　　　　　　　　　　）

問14. 自分の考えや思いについて，次にあげたことが当てはまりますか？（複数回答可）
　　1.どんなに大きな悩みでも相談できる人がいる
　　2.ほしいものを不自由せずもてる物質的に豊かな生活を送りたい
　　3.他人に迷惑をかけなければ何をしようと個人の自由だ
　　4.一人で生きていく自信がない
　　5.人と一緒にいるより自分一人でいる方が好きだ
　　6.社会に出ることに不安がある
　　7.自信をもってやれるものは何もない
　　8.自分の力で今の社会を変えていけると思う
　　9.当てはまるものはない

問15. 今の自分の生活に満足していますか？（1つに○）
　　1.満足である　　2.まあ満足である　　3.やや不満である　　4.不満である

問16. 悩みや心配事はありますか？（主なもの3つ以内）
　　1.勉強や進学のこと　　　　　　8.健康や病気のこと
　　2.就職や仕事のこと　　　　　　9.容姿のこと
　　3.家族や家庭のこと　　　　　　10.その他
　　4.友人のこと　　　　　　　　　（　　　　　　　　　　）
　　5.恋人のこと　　　　　　　　　11.悩みや心配ごとはない
　　6.お金のこと　　　　　　　　　12.わからない
　　7.自分の性格や生き方のこと

〔問16. で「1.～10.」に回答した方への質問〕
問17. 悩みや心配事で困ったときは誰に相談しますか？（複数回答可）
　　1.親　　　　　　　　　　　　　9.カウンセラー等の専門家
　　2.きょうだい　　　　　　　　　10.公共機関（ハローワーク・市役所等）
　　3.その他の家族・親戚　　　　　11.民間団体（NPO等）の支援機関
　　4.学生時代の友だち　　　　　　12.その他
　　5.地域の知り合い　　　　　　　（　　　　　　　　　　）
　　6.趣味・同好の仲間　　　　　　13.いない
　　7.ネット上の友だち　　　　　　14.わからない
　　8.恋人

問18. コミュニケーションの手法について，次の①～⑤のことについてそれぞれどのくらい
　　　できますか？（各質問ごとに1つに○）

	1.うまくできる	2.何とかできる	3.できない・やったことがない	4.わからない
① パソコンやワープロで文書を作成する	1.	2.	3.	4.
② インターネットで知りたい情報を集める	1.	2.	3.	4.
③ 自分の意見を他人に説明する	1.	2.	3.	4.
④ よく知らない人と自然に会話する	1.	2.	3.	4.
⑤ 人との約束に遅れずに行く	1.	2.	3.	4.

【社会・地域活動について】

問19. 今の社会に満足していますか？（1つに○）
　　1.満足である　　2.まあ満足である　　3.やや不満である　　4.不満である

問20. 最近1年間で、次のような活動に参加したり、行ったりしたことがありますか？（複数回答可）
　　1.地域のお祭り
　　2.募金・献血
　　3.地域のスポーツやレクレーションの大会
　　4.お年寄りや体の不自由な人のいる施設を訪問する
　　5.地域の清掃や防災などの活動
　　6.公民館・コミュニティーセンターなどの講座や催し
　　7.地域の子ども達の指導や世話
　　8.地域の企業を訪問する
　　9.国際交流に関する活動
　　10.その他（　　　　　　　　　　　　　　　　）
　　11.まったく参加していない

【職業について】

問21. 就職をしたいですか？　　　　　1.はい　　2.いいえ　　3.わからない

問22. 仕事について、次にあげることは、あなたの考え方や生き方にあてはまりますか？
（複数回答可）
　　1.同じ会社で一生働きたい
　　2.年齢よりも、実績によって給与が決められる方がよい
　　3.収入に恵まれなくても自分のやりたい仕事をしたい
　　4.学校を卒業したら、できるだけ早く就職して、親から経済的に自立すべきだ
　　5.フリーターや派遣社員は、長期間続けるべき仕事ではない
　　6.自分のやりたい仕事が見つからなければ働かなくてもよい
　　7.努力すれば満足できる地位や収入は得られるものだ
　　8.私生活を犠牲にしてまで、仕事に打ち込むつもりはない
　　9.収入が高くなくても、家から近いところでの仕事がいい
　　10.自分の将来について楽観的なイメージを持っている
　　11.将来のために節約・努力するよりも、今の自分の人生を楽しむようにしている
　　12.自分はあまり運のいい方ではない
　　13.将来について夢をもっている
　　14.暇つぶしに何かをすることが多い
　　15.この中にはない
　　16.わからない

問23. 就職活動（就職支援セミナーの受講等を含む）をしていますか？　1.はい　　2.いいえ

問24. 就職したことはありますか？　　　　　　　　　　1.ある　　2.ない

［問24.で「1.ある」と回答した方への質問］
問25. なぜその仕事をやめたのですか？（主なもの3つ以内）
　　1.仕事があわない、またはつまらないから
　　2.人間関係がよくないから
　　3.賃金が低いから
　　4.労働時間が長いから
　　5.解雇されたから
　　6.勤務先が倒産したから
　　7.契約期間が過ぎたから
　　8.結婚・出産した（しようとしていた）から
　　9.健康を害したから
　　10.その他（　　　　　　　　　　　　　　　　）
　　11.わからない

〔問 24. で「1.ある」と回答した方への質問〕
問 26. 最後の仕事をやめてからどのくらいの期間がたちましたか？

〔全員への質問〕
問 27. 仕事について困っていることや不安はありますか？（複数回答可）
　　　1. 自分の能力・適正がわからない
　　　2. 仕事について相談できる相手がいない
　　　3. 仕事の探し方が分からない
　　　4. 希望する仕事の求人が少ない
　　　5. 希望する労働条件（労働時間や給与，勤務地）の求人が少ない
　　　6. 仕事に就いても人間関係をうまくやっていける自信がない
　　　7. 仕事をしたいが自分の能力に自信がない
　　　8. 仕事をしたいが自分の健康や体力に自信がない
　　　9. これまでの経歴が仕事に就くうえで不利になる
　　　10. 仕事をしたくないのに，仕事に就くよう周りから言われる
　　　11. その他（　　　　　　　　　　　　　　　　　　　）
　　　12. 困っていることは特にない
　　　13. わからない

【保護者との関係について】

問 28. 保護者の方は，本人の日ごろの過ごし方について把握していますか？
　　　1. 把握している　　2. 把握していない　　3. わからない

問 29. 保護者の方との関係は，日常生活においてうまくいっていると思いますか？
　　　1. はい　　2. いいえ　　3. わからない

〔問 29. で「2.いいえ」と回答した方への質問〕
問 30. うまくいっていないと思うことはどのようなことですか？具体的に記入してください。

問 31. 保護者と本人はどのようにコミュニケーションをとっていますか？具体的に記入してください。

問 32. 保護者が本人に今やってもらいたいことは何ですか？（主なもの3つ以内）
　　　1. 働かせたい　2. 勉強させたい　3. 技術や技能を身につけさせたい
　　　4. 自分の趣味を広げさせたい　5. 遊ばせたい　6. 友達を作らせたい
　　　7. 信頼できる相談者やパートナーを見つけさせたい　8. 楽をしてお金を稼がせたい
　　　9. その他（　　　　　　　　　　　　　　　　　　　）

【支援機関等への要望について】

調査対象者の親・学校・企業・行政などへの要望を自由に記入してください。

ご協力ありがとうございました。

| 調査団体： |
| 調査方法：本人聞取り・保護者聞取り・その他（　　　　） |

3．調査の結果

（1）回答者の属性（問1・問2・問5）

　回答者134人の年齢構成は表2－3－2の通りである。15〜19歳10.4％、20代前半33.6％、20代後半32.1％、30代は23.9％で20代の回答が多く、類型別では非求職型・非希望型は20代前半の年代が多い。性別では男性63.4％、女性36.6％である。住所地は宇都宮市54.5％、市外45.5％で、類型別では求職型・非希望型は市内が多く、非求職型は市外在住者が多い。年齢区分では10代は市外が多いが、20代・30代では宇都宮市内が多い。

　学歴については、全体で普通高校卒がもっとも多く18.7％、求職型は普通高校卒23.0％、つぎに大学卒19.7％、非求職型は普通高校卒17.1％で、次いで専門学校卒と普通高校中退が同率で14.6％、非希望型は普通高校中退と中学校卒が同率21.9％である。卒業者と中退者の内訳は卒業者75.4％、中退者24.6％である。中退時期は、大学院中退では求職型が20％、普通高校中退は求職型と非希望型が同数で23％、卒業者より中退者の方が就業を諦めている人が多く、また学歴が下降するに従い非希望型が増えている。（図2－3－1〜図2－3－5）

表2－3－2　回答者の性別と年齢・類型別の人数（人）

年齢（歳）	男	女	合計	状態	求職型	非求職型	非希望型
15〜19	9	5	14	求職型	37	24	61
20〜14	27	18	45	非求職型	27	14	41
25〜29	27	16	43	非希望型	21	11	32
30〜34	22	10	32	合計	85	49	134
合計	85	49	134				

第2章 若年無業者の課題と生涯キャリア支援

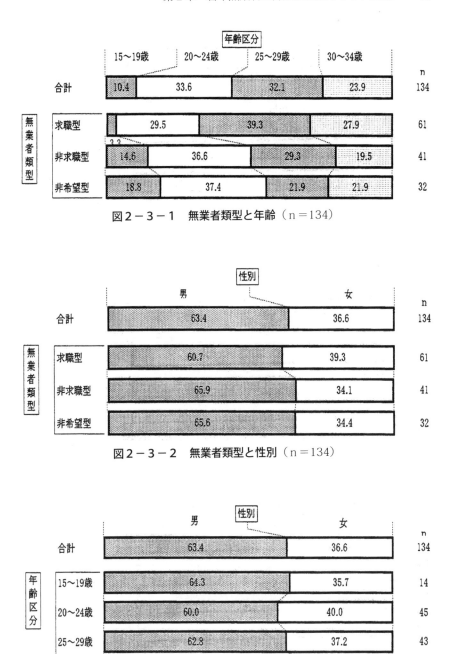

図2-3-1 無業者類型と年齢（n=134）

図2-3-2 無業者類型と性別（n=134）

図2-3-3 年齢区分と性別（n=134）

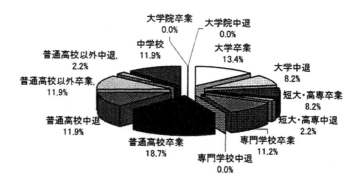

図2－3－4　学歴（n＝134）

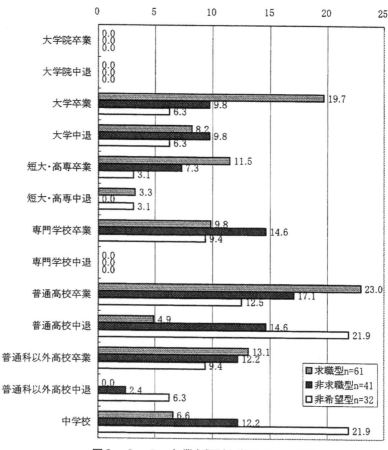

図2－3－5　無業者類型と学歴（n＝134）

（2）家族構成と健康状態（問3・問4・問6）

　家族構成は親との同居が顕著で、全体で父親と同居86.6％、母親と同居96.3％である。非求職型は母親と同居が100％、父親と同居が95.1％で、どの類型も親のもとで暮らしている。

　「健康状態」は、全体で82.1％が「健康である」「どちらかといえば健康である」と答えている。その中で非求職型は「健康でない」「どちらかといえば健康でない」が他の類型より多く31.7％、年齢区分で25～29歳では20.9％、30～34歳が25.1％である。（図2－3－6～図2－3－12）

　兄弟姉妹の有無については、「いる」が76.9％で、約5人のうち4人が家族の誰かと同居している。類型別ではあまり差違がないが、30～34歳では兄弟姉妹と同居していない人が多く53.1％である。

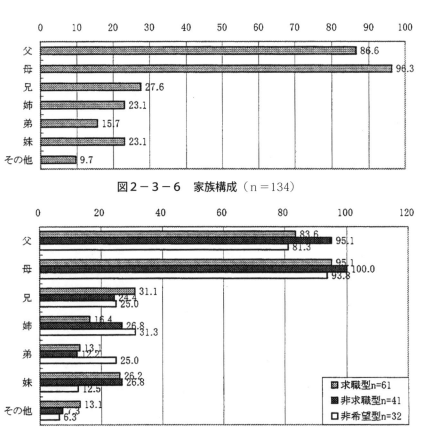

図2－3－6　家族構成（n＝134）

図2－3－7　無業者類型と家族構成（n＝134）

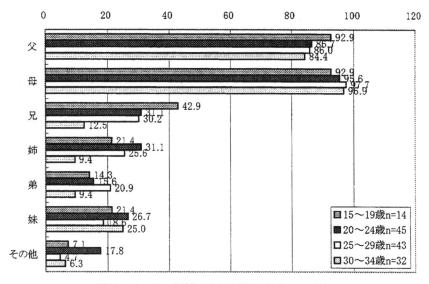

図2-3-8　年齢区分と家族構成（n＝134）

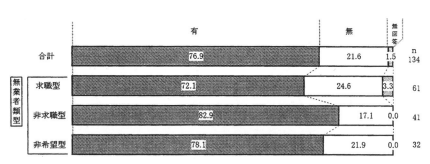

図2-3-9　無業者類型と兄弟の有無（n＝134）

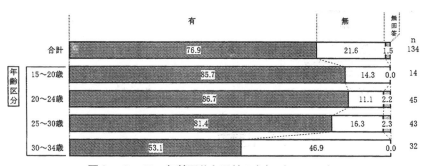

図2-3-10　年齢区分と兄弟の有無（n＝134）

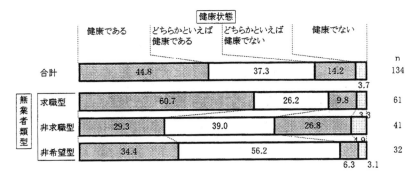

図2-3-11 無業者類型と健康状態（n=134）

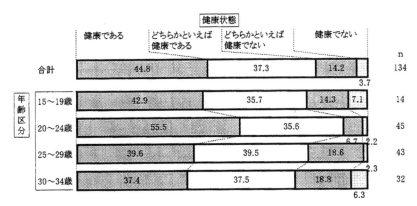

図2-3-12 年齢区分と健康状態（n=134）

（3）支援団体等のかかわり、経歴（現在の状態になったきっかけ等
（問7・問8）

「現在の状態になったきっかけ」は、ほとんどが「支援団体による相談事業や講座等での関わり」で、「親や知人からの紹介」「新聞・インターネット等」からの情報によることが分かった。関わった期間は、「3カ月以上6カ月未満」が29.1％でもっとも多く、次いで「6カ月以上1年未満」が27.6％で、「1年以上」の人も17.9％である。（図2-3-13）

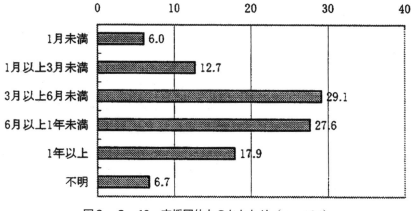

図2－3－13　支援団体とのかかわり（n＝134）

　また、「若年無業者が支援団体から受けている事業」は、「ジョブチャレンジクラブ、就職セミナー、ワーキングスクール、自立塾プログラム、キャリアカウンセリング、就労体験、パソコン研修、コミュニケーション研修、居場所への参加、訪問サポート」等である。

　「現在の状態になったきっかけ」（複数回答）は、「不登校・ひきこもり経験」が37人（27.6％）、ついで「体調不良（精神的・肉体的）」が33人（24.6％）で、この2つを合わせると理由の半分以上を占める。

　「不登校・ひきこもり経験」の内訳は非希望型41％、非求職型40％、求職型19％である。「体調不良（精神的・肉体的）」は求職型49％、非求職型30％、非希望型21％である。

　その他、求職型で「職場での人間関係トラブル」が13人のうち77％、「正社員等への就職希望」が17人のうち76％、「就職活動の失敗」が18人のうち56％を占める。非求職型では「意欲喪失」が5人のうち60％で、「不登校・ひきこもり経験」が全体37人中40％である。非希望型は「不登校・ひきこもり経験」のうち41％で、無業者にとって重要な問題であることが分かる。

　年代別の15～19歳では「不登校・ひきこもり経験」85％、20～24歳では「意欲喪失」が5人中3人、次いで「体調不良（精神的・肉体的）」33％である。

25～29歳では「職場での人間関係トラブル」54％、次いで「就職活動の失敗」39％で、30～34歳は「正社員等への就職希望」が52％を占めている。（図2－3－14～図2－3－16）

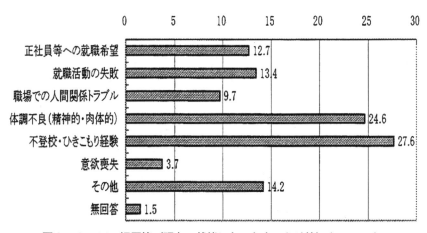

図2－3－14　経歴等（現在の状態になったきっかけ等）（n＝134）

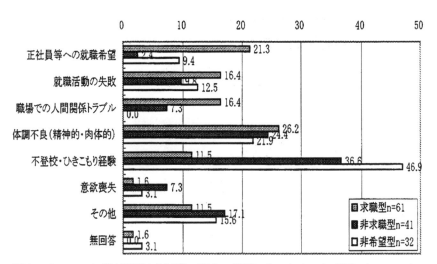

図2－3－15　無業者類型と経歴等（現在の状態になったきっかけ等）（n＝134）

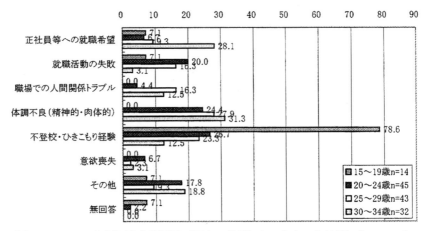

図2－3－16 年齢区分と経歴等（現在の状態になったきっかけ等）（n＝134）

（4）日頃の過ごし方（問9・問10・問11）

「起床時刻の平均」は求職型8時00分、非求職型9時21分、非希望型9時38分で、求職型が就職活動のために早く起きる必然性が反映されている。15〜19歳は10時04分、20〜24歳は8時31分、25〜29歳は8時41分、30〜34歳は8時48分である。

「就寝時刻の平均」は求職型24時04分、非求職型24時59分、非希望型24時39分、15〜19歳は24時47分、20〜24歳は24時27分、25〜29歳は24時30分、30〜34歳は24時23分で、僅差である。

「睡眠時間の平均」は求職型7時間56分、非求職型8時間23分、非希望型8時間59分で、求職型が一番短く、非希望型が長くなっている。「平均睡眠時間」は15〜19歳は9時間16分で長く、20〜24歳は7時間22分、25〜29歳は8時間11分、30〜34歳は8時間25分である。

つぎに、「普段の生活はどこで何をしていることが多いのか」と聞いたところ、自宅が77.6％、その他に図書館や店等16.4％で、「テレビ・ビデオ」を見るが23.1％でもっとも多く、次いで「読書（まんが・雑誌等17.9％、パソコン・インターネット17.2％」、次いでゲーム16.4％とつづいている。また、「就労活動」については13.4％となっている。

「食事の仕方」については記載のあった人のみ抽出した。「普段食事をする場所」は圧倒的に「自宅」が96.3％で、「普段の食事の相手」は、「家族と一緒」が59.4％、「一人で食べている人」は35.1％である。「食事の内容」は、「家族がつくったものを食べている」60.3％、「自分でつくったものを食べている」27.4％である。（図2－3－17～図2－3－27）

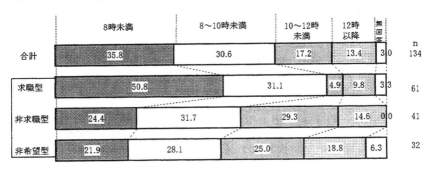

図2－3－17　無業者類型と起床時刻（n＝134）

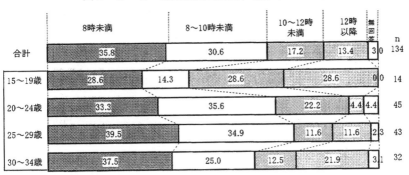

図2－3－18　年齢区分と起床時刻（n＝134）

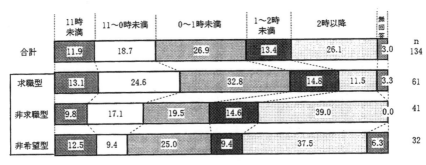

図2－3－19　無業者類型と就寝時刻（n＝134）

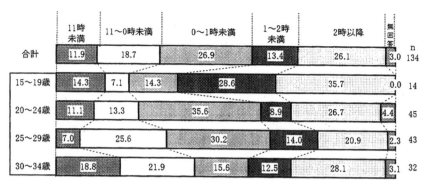

図2－3－20　年齢区分と就寝時刻（n＝134）

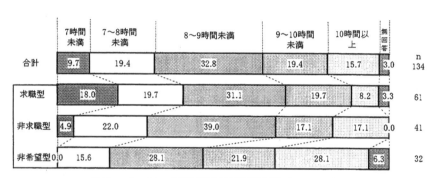

図2－3－21　無業者類型と睡眠時間（n＝134）

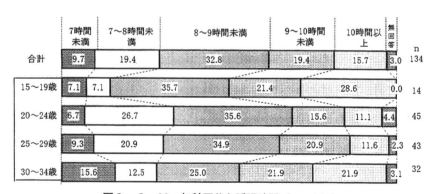

図2－3－22　年齢区分と睡眠時間（n＝134）

第2章　若年無業者の課題と生涯キャリア支援

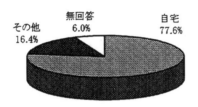

図2－3－23　普段過ごしている場所（n＝134）

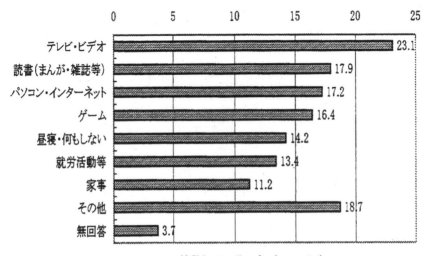

図2－3－24　普段していること（n＝134）

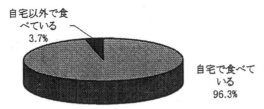

図2－3－25　普段の食事の場所（n＝食事の仕方について記載のあった人のみ抽出）

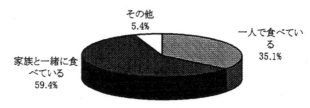

図2-3-26 普段の食事の相手（n＝食事の仕方について記載のあった人のみ抽出）

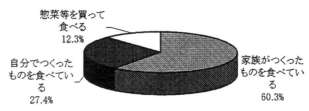

図2-3-27 普段の食事の内容（n＝食事の仕方について記載のあった人のみ抽出）

（5）「将来の夢はありますか、それは何ですか。
　　　今やりたいことは何ですか」（問12・問13・問17）

「将来の夢」について、「ある」と答えた人が42％、「ない」20％、「わからない」が38％である。将来の夢を「表明できない、わからない」という人を合わせると58％にのぼる。求職型は「ある」という人が54％で他の類型と比べると多く、夢を描きながら求職活動をしている状況がうかがわれる。非求職型・非希望型は約3人に2人が「夢がない」、または「わからない」と答えている。20～24歳は「わからない」が53％である。夢をどのように捉えたらよいのか、また夢と呼べるものかどうか自信が持てないので、「わからない」と答えたことも予想される。

「今やりたいこと」は、多い順に「働きたい」が66.4％、「技術や技能を身につけたい」43.3％、「友だちを作りたい」33.6％である。無業者類型で多い順は、求職型が求職中であることも受けて「働きたい」が89％と断然多く、次いで「技術や技能を身につけたい」が54％である。非求職型は「働きたい」71％、「友だちを作りたい」44％で、非希望型では「友だちを作りたい」が44％、「技術や技能を身につけたい」41％である。

これらの結果から、非求職型・非希望型の人は、親や兄弟姉妹と同居しながらも友だちを欲しがっている状況である。これは、現在の状況に満足していないことの現れであろう。年齢区分では、年齢が高くなるにつれて「働きたい」「技術や技能を身につけたい」が多くなっている。今やりたいことについて多くみられるのは、「働きたい」「技術や技能を身につけたい」「友だちを作りたい」の順になっている。（図２－３－28～図２－３－32）

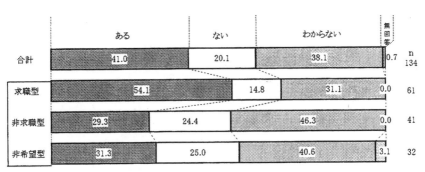

図２－３－28　将来の夢はあるか、また、それは何か（無業者類型、n＝134）

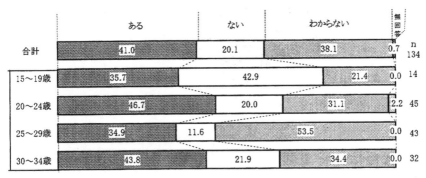

図２－３－29　将来の夢はありますか、また、それは何ですか（年齢区分、n＝134）

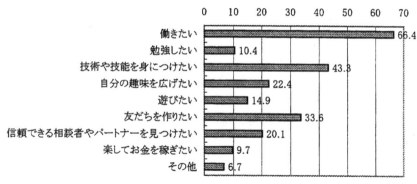

図2-3-30 今やりたいこと（複数回答、n=134）

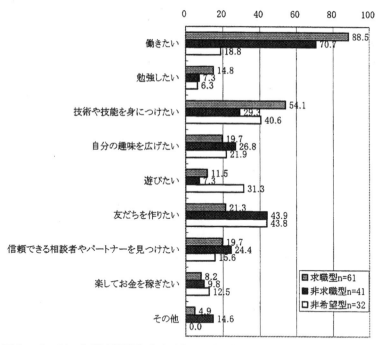

図2-3-31 無業者類型と今やりたいこと（複数回答可、n=134）

第2章　若年無業者の課題と生涯キャリア支援

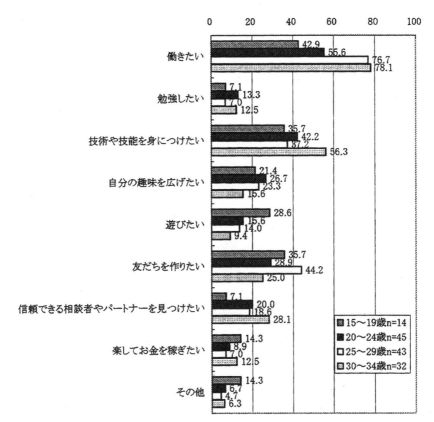

図2-3-32　年齢区分と今やりたいこと（複数回答、n=134）

(6)「考えや思い」生活・社会への満足度、悩み・心配事と相談先
　　（問14・15・16・17）

「自分の考えや思い」（複数回答）は、多い順に「社会に出ることに不安がある」47.0％、「人と一緒にいるより自分一人でいる方が好き」32.8％、「一人で生きていく自信がない」31.3％、「自信をもってやれるものは何もない」30.6％で、「不安、自信がない」「一人の方が好き」というキーワードが顕著である。

「今の生活に満足しているか」では、「満足」「まあ満足である」38％、「不満」「やや不満である」62％で、本人が現状を心地よいと思っていない状況が

読みとれる。非求職型の「不満」「やや不満である」が78％と他より多く、15〜19歳で「不満がある人」が多くみられる。

「社会への満足度」は、全体で「満足」「まあ満足である」35％で、「不満」「やや不満である」65％である。求職型で「満足」が約5割であるが、非求職型・非希望型は「不満」が多くみられる。年齢区分の15〜19歳で「不満」が86％である。

「悩みや心配事で困ったことがらは何か、誰に相談するか」について主なもの3つ以内は、「就職や仕事のこと」71.6％、次いで「自分の性格や生き方のこと」38.1％、「お金のこと」36.6％、「健康や病気のこと」30.6％、「悩みや心配事はない」は2.2％の少数で、ほとんどの人が何かしらの悩みや心配事を抱えている。求職型は「就職や仕事のこと」が85％で、つづいて「自分の性格や生き方」「お金のこと」を挙げている。非求職型は68％が「就職や仕事のこと」で、ついで「お金のこと」「自分の性格や生き方のこと」「健康や病気のこと」である。非希望型は50％が「仕事や就職のこと」、次いで「自分の性格や生き方のこと」「健康や病気のこと」である。

年齢区分ではいずれも「就職や仕事のこと」が突出し、15〜19歳は「勉強や進学のこと」が他より多く、「就職や仕事のこと」については年齢が上がるにつれて多くなっている。

「困ったことの相談先」は、多い順に「親」38.1％、「民間団体（NPO等）」の支援機関22.4％、「学生時代の友だち」20.9％である。一方で、「いない」という人が29.9％である。非求職型は「親」「民間団体（NPO等）の支援機関」が多く、非求職型・非希望型は「親」が約3割で、「いない」も同率である。また、「学生時代の友だち」については、求職型28％、非求職型22％、非希望型6％である。非希望型の人は学生時代の友人とも交流がない状況である。年齢が高くなるにつれて求職型が多く、就職活動に際して「親」に相談する人が多くなっていると予想される。15〜19歳では「いない」と答えた人が他と比較して多くみられ、社会から孤立する度合いが若い層に多いことがうかがえる。（図2－3－33〜図2－3－44）

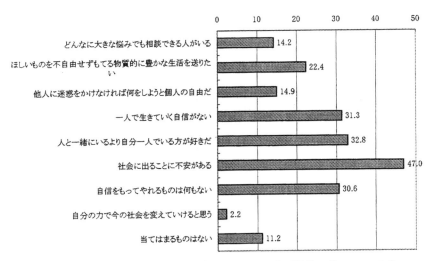

図2-3-33　自分の考えや思いが当てはまること（複数回答、n=134）

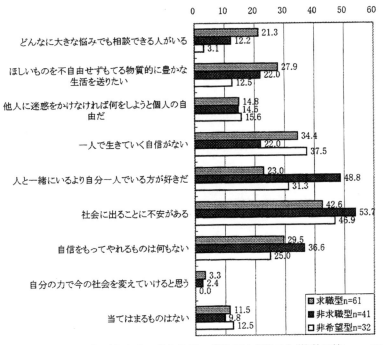

図2-3-34　無業者類型と自分の考えや思いが当てはまること（複数回答、n=134）

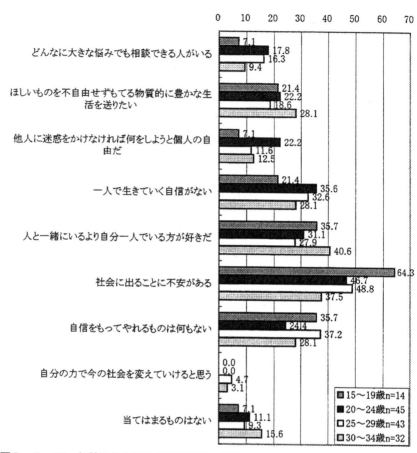

図2−3−35　年齢区分と自分の考えや思いが当てはまること（複数回答、n＝134）

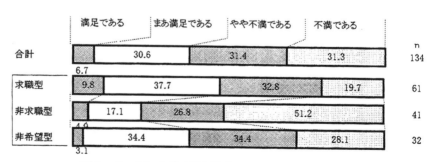

図2−3−36　無業者類型と生活の満足度（n＝134）

第2章 若年無業者の課題と生涯キャリア支援

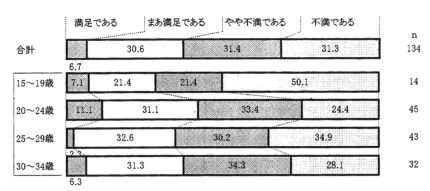

図2－3－37　年齢区分と生活の満足度（n＝134）

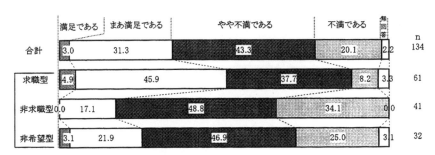

図2－3－38　無業者類型と社会への満足度（n＝134）

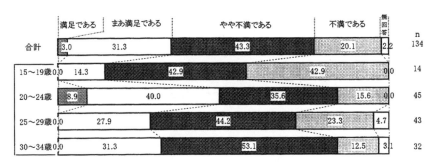

図2－3－39　年齢区分と社会への満足度（n＝134）

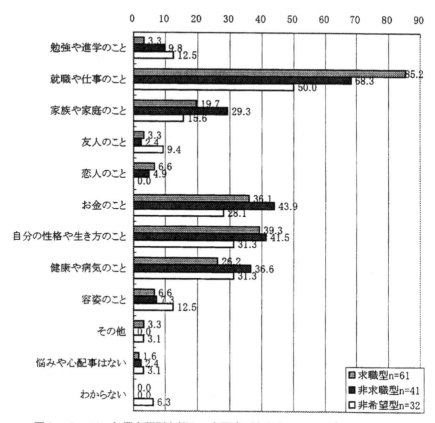

図2－3－40　無業者類型と悩み・心配事（主なもの3つ以内、n＝134）

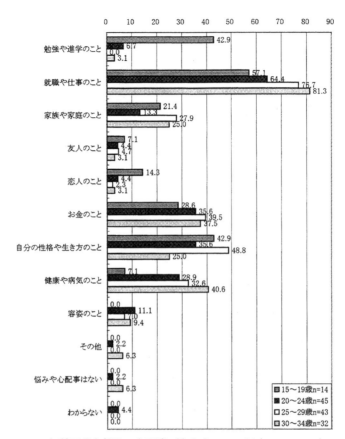

図2−3−41　年齢区分と悩み・心配事（主なもの3つ以内、n＝134）

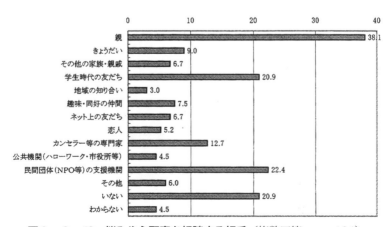

図2−3−42　悩みや心配事を相談する相手（複数回答、n＝134）

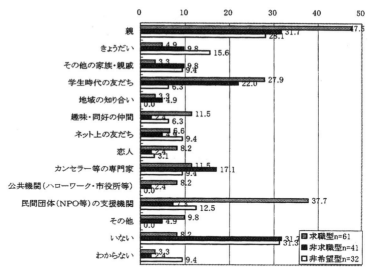

図2-3-43 無業者類型と悩みや心配事で困ったときは誰に相談するか（複数回答、n=134）

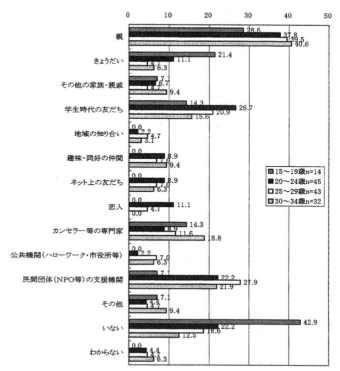

図2-3-44 年齢区分と悩みや心配事で困ったときは誰に相談するか（複数回答、n=134）

（7）コミュニケーションの手法（問18）

「パソコンやワープロでの文書作成」については、「できる」「うまくできる」「何とかできる」を合わせると69％である。非求職型は「できない」「やったことがない」39％、非希望型43％で、結果をみると外部からの情報を収集することに消極的な状況がみられる。15～19歳では「できる人」と「できない人」が半々の状況である。

「インターネットで知りたい情報を集めること」は「できる」「うまくできる」「何とかできる」が合わせて76％である。非希望型の「できない」「やったことがない」が他と比べて少なく、年齢が高くなるにつれて「できない」「やったことがない」が多い。

「自分の意見を他人に説明すること」については、「できる」「うまくできる」「何とかできる」が合わせて62％、「できない」「やったことがない」25％である。求職型では「できる」が81％を占めているが、非求職型・非希望型では、「できない」「やったことがない」人の方がそれぞれに51％、60％である。年齢区分ではとくに差違がみられない。

「よく知らない人と自然に会話する」は、「うまくできる」「何とかできる」と「できない・やったことがない」「わからない」の割合が半々である。非求職型では51％、非希望型では59％が「できない・やったことがない」「わからない」と答えている。25歳以降から年齢が増すに従い、「よく知らない他人との会話ができない」という割合が増えている。

「人との約束に遅れずに行くこと」については、「できる」「うまくできる」「何とかできる」が88％である。しかし、非希望型では4人に一人が「できない・やったことがない」「わからない」と答えている。年齢区分では30～34歳になっても15％の人が人との約束が守れない状況である。（図2－3－45～図2－3－54）

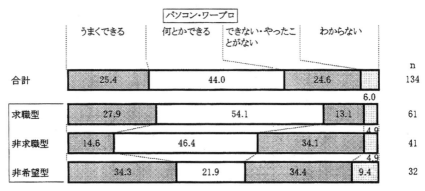

図2-3-45　無業者類型とパソコンやワープロで文書を作成する（n=134）

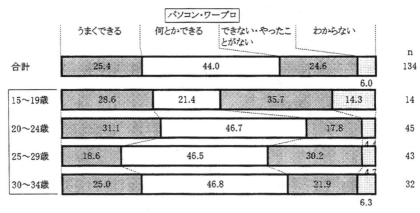

図2-3-46　年齢区分とパソコンやワープロで文書を作成する（n=134）

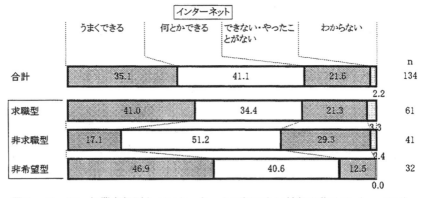

図2-3-47　無業者類型とインターネットで知りたい情報を集める（n=134）

第2章　若年無業者の課題と生涯キャリア支援

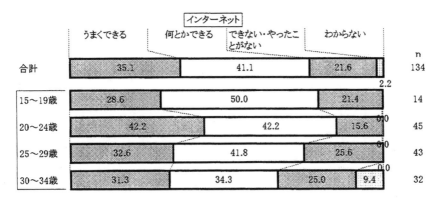

図2-3-48　年齢区分とインターネットで知りたい情報を集める（n=134）

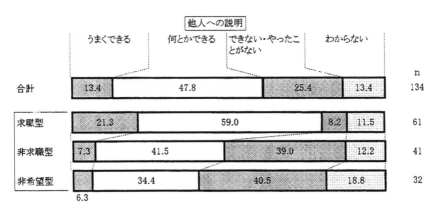

図2-3-49　無業者類型と自分の意見を他人に説明する（n=134）

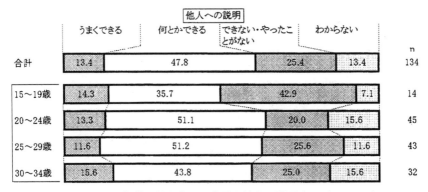

図2-3-50　年齢区分と自分の意見を他人に説明する（n=134）

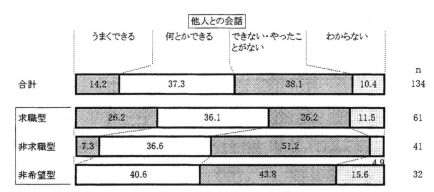

図2-3-51　無業者類型とよく知らない人と自然に会話する（n=134）

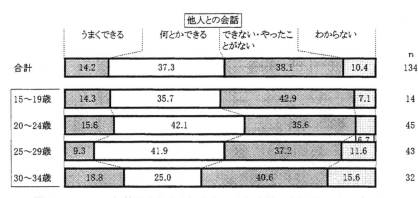

図2-3-52　年齢区分とよく知らない人と自然に会話する（n=134）

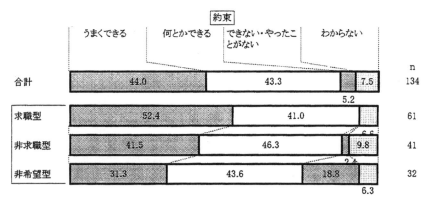

図2-3-53　無業者類型と人との約束に遅れずに行く（n=134）

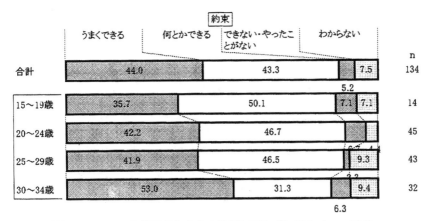

図2-3-54 年齢区分と人との約束に遅れずに行く（n＝134）

(8) 社会・地域活動の経験等（複数回答、問20）

　最近1年間における地域等の活動状況は、全体で「まったく参加していない」が41.8％、参加しているのは「地域のお祭り」27.6％である。類型別では、「まったく参加していない」は非求職型53％、非希望型56％である。区分では、15～19歳は57％、20～24歳31％、25～29歳44％、30～34歳47％である。いわゆる、地域社会の中で家族と暮らしていても地域社会に出ていかず、家族以外の人々との接触が少ない状況が分かる。（図2-3-55～図2-3-57）

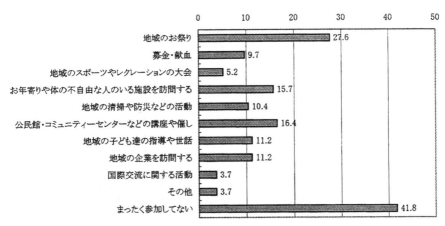

図2-3-55 最近1年間に参加した地域活動（複数回答、n＝134）

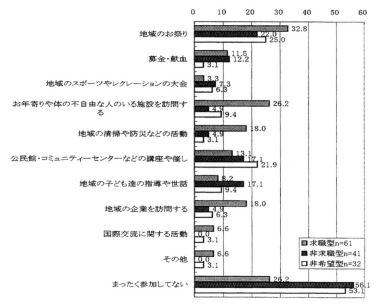

図2-3-56 無業者類型と最近1年間に参加した地域活動（複数回答、n=134）

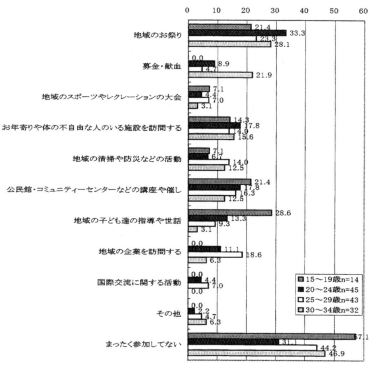

図2-3-57 年齢区分と最近1年間に参加した地域活動（複数回答、n=134）

（9）職業について（問21・問22・問23、複数回答、n＝134）

「就職をしたいか」の問には「はい」が76.1％、「いいえ」3.7％、20.1％が「分からない」と答えた。「仕事についてあなたの考えや生き方にあてはまるか」は「収入に恵まれなくても自分のやりたい仕事をしたい」がもっとも多く41.8％、次いで「年齢よりも実績によって給与が決められる方がよい」「自分はあまり運のいい方ではない」がつづく。求職型は「同じ会社で一生働きたい」「フリーターや派遣社員は長期間続けるべき仕事ではない」、非求職型は

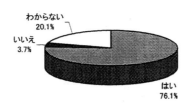

図2－3－58　就職したいか（n＝134）

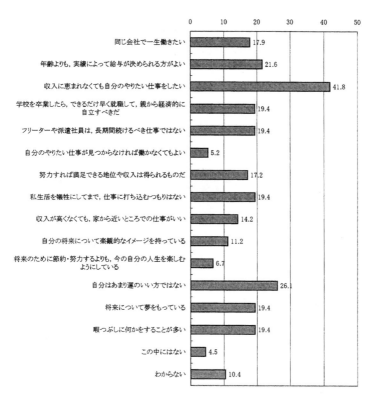

図2－3－59　仕事についてあなたの考え方や生き方にあてはまるか（n＝134）

「自分の将来について楽観的なイメージを持っている」、非希望型は「暇つぶしに何かをすることが多い」が多く、類型により勤労観・職業観が違う。(図2－3－58～図2－3－61)

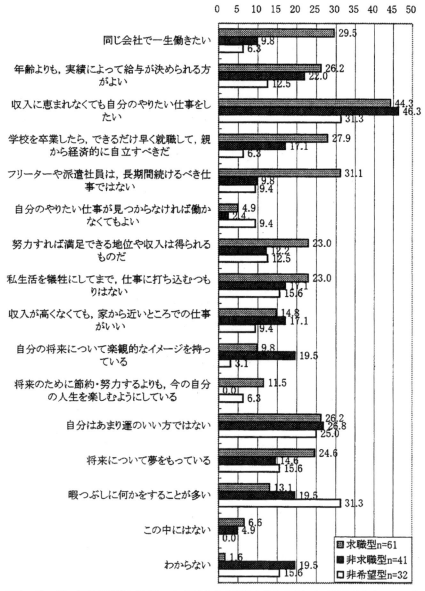

図2－3－60　無業者類型と仕事についてあなたの考え方や生き方にあてはまるか（n＝134）

第2章　若年無業者の課題と生涯キャリア支援

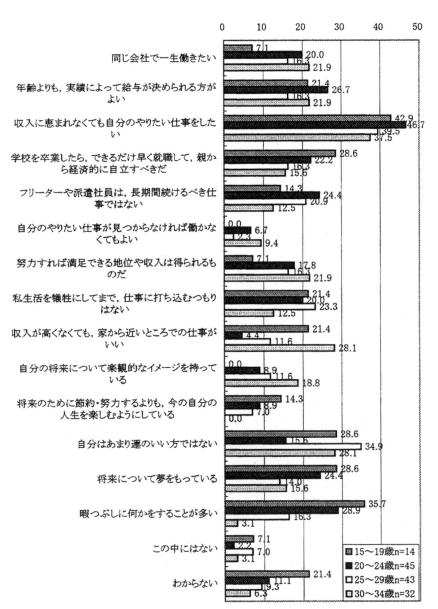

図2-3-61　年齢区分と仕事について考え方や生き方にあてはまるか（n=134）

(10) 就職活動（就職支援セミナーの受講等を含む）と就職の経験、離職の理由、離職期間、困っていることや不安なこと（問23・24・25・26）

現在、就職活動（就職支援セミナーの受講等を含む）をしている人は45.5％、「いいえ」と答えた人54.5％で、就職経験がある人は57.5％で、類型別の求職型70.5％、非求職型56.1％、非希望型34.4％である。15～19歳では「ない」が84.4％を占めている。

「離職の理由」は、「人間関係がよくないから」が61％、次いで「仕事があわない、つまらないから」33.8％、「健康を害したから」が20.8％とつづく。とくに非希望型では他の類型に比べて「仕事があわない、つまらないから」といって辞める人が54.5％である。

「仕事について困っていることや不安なこと」は、多い順に「仕事に就いても人間関係をうまくやっていける自信がない」で、次いで「仕事をしたいが自分の能力に自信がない」が36.6％、「自分の能力・適性がわからない」が32.1％、「希望する仕事の求人が少ない」が30.6％となっている。差違がみられるのは、求職型「希望する仕事の求人が少ない」、非求職型「仕事をしたいが自分の健康や体力に自信がない」、非希望型で「仕事について相談できる相手がいない」が他の分類と比較して多くみられる。25～29歳では「仕事に就いても人間関係をうまくやっていけるか自信がない」、15～19歳では「わからない」が多くみられる。（図4－2－62～図4－2－69）

図2－3－62　就職活動（就職支援セミナーの受講等を含む）（n＝134）

第2章　若年無業者の課題と生涯キャリア支援

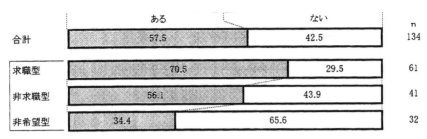

図2-3-63　無業者類型と就職経験（n=134）

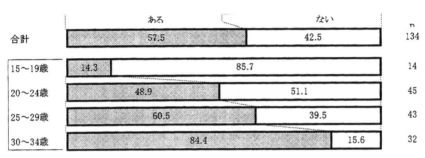

図2-3-64　年齢区分と就職経験（n=134）

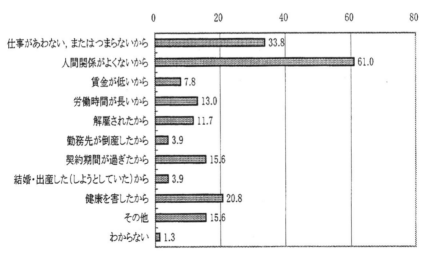

図2-3-65　離職理由（n=77）

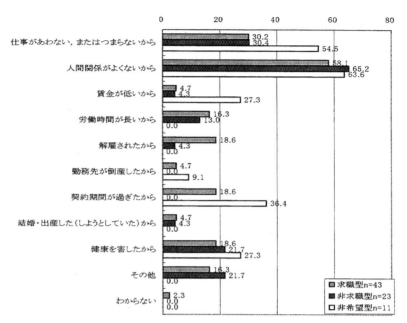

図2-3-66 無業者類型と離職理由 (n=77)

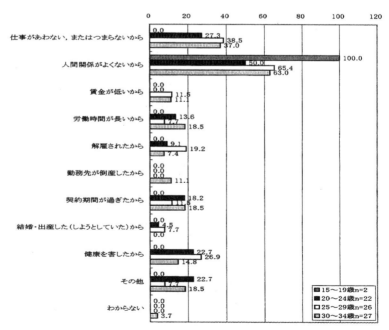

図2-3-67 年齢区分と離職理由 (n=77)

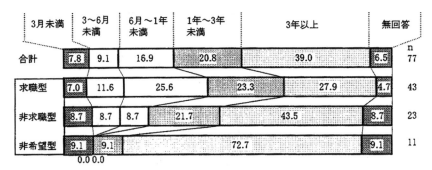

図2-3-68 無業者類型と無業期間 (n=77)

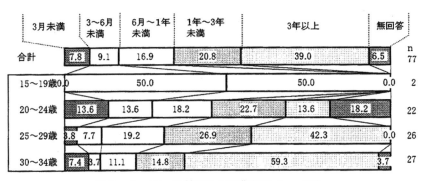

図2-3-69 年齢区分と無業期間 (n=77)

(11) 仕事について困っていることや不安（複数回答、問27）

「仕事について困っていることや不安なこと」は、多い順に「仕事に就いても人間関係をうまくやっていける自信がない」41.0％、「仕事をしたいが自分の能力に自信がない」36.6％、「自分の能力・適正がわからない」32.1％、「希望する仕事の求人が少ない」30.6％である。求職型は「希望する仕事の求人が少ない」、非求職型は「仕事をしたいが自分の健康や体力に自信がない」、非希望型は「仕事について相談できる相手がいない」である。年齢区分の25～29歳は「仕事に就いても人間関係をうまくやっていけるか自信がない」、15～19歳は「わからない」が多い。（図2-3-70～図2-3-72）

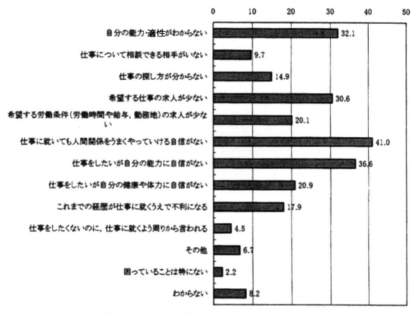

図2-3-70 仕事への不安 (n=134)

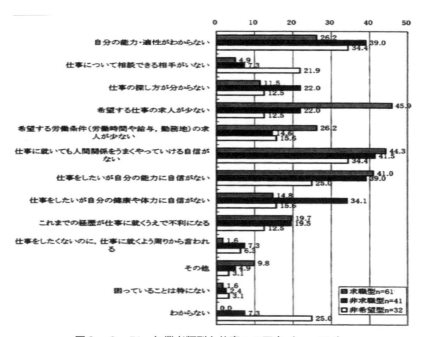

図2-3-71 無業者類型と仕事への不安 (n=134)

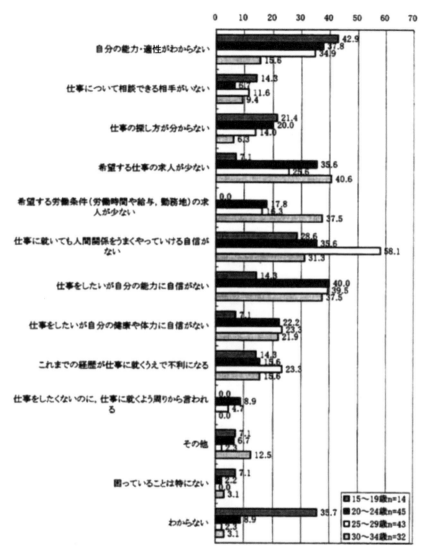

図2－3－72　年齢区分と仕事への不安（n＝134）

(12) 保護者との関係、本人にやってもらいたいこと

「無業者の日ごろの過ごし方」について、保護者が把握しているか聞いたところ、「把握している」という回答が70.1％で、無業者類型の求職型と年齢区分の30〜34歳で多かった。

前述のように、年齢があがるにつれて求職活動をしている人が多い状況を考えると、求職活動の過程で親に相談し、保護者との関係が「うまくいっている」という回答が52％である。非求職型は「うまくいっていない」という回答が多く、年齢が高くなるほど「うまくいっている」が多くみられる。

次に、日常生活において保護者との関係が「うまくいっていない」と回答した28人に、その理由について記述式で質問したところ、次の通りであった。

・会話がない（14人）

・保護者との仲が悪い（8人）

・就職のことでもめている（7人）、

・自分の気持ちが保護者に伝わらない（3人）である。

また、保護者とのコミュニケーションのとり方については、「日常生活における会話」が回答者110人のうち43人、「食事時における会話」が35人で、合わせて回答者の7割以上が答えている。

・日常生活全般における会話（43人）

・日常の食事時における会話（35人）

・ない（15人）

・普通にコミュニケーションをとっている（8人）

・その他（9人）

・無回答（24人）である。

保護者が本人にやってもらいたいことは、「働かせたい」が64％ともっとも多く、次いで「技能や技術を身につけさせたい」31％、「友だちをつくらせたい」23％である。無業者類型のどの類型も「働かせたい」と答えている。年齢区分の15～19歳では「勉強させたい」が多いのは、「不登校・引きこもり経験」の人が多いので、働く前にまずは勉強して欲しいと望んでいることが分かる。（図2－3－73～図2－3－79）

第2章　若年無業者の課題と生涯キャリア支援

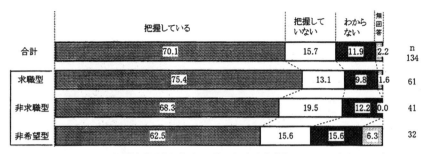

図2－3－73　無業者類型と本人の過ごし方を把握している（n＝134）

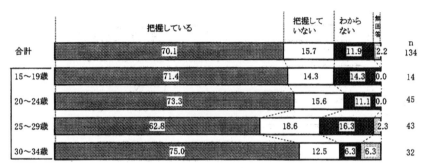

図2－3－74　年齢区分と本人の過ごし方を把握している（n＝134）

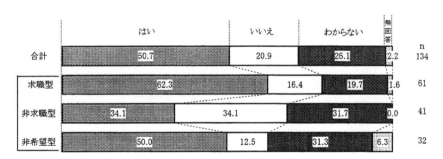

図2－3－75　無業者類型と保護者との関係がうまくいっている（n＝134）

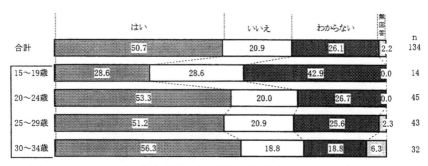

図2-3-76 年齢区分と保護者との関係がうまくいっている（n=134）

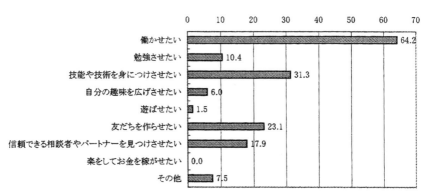

図2-3-77 保護者が本人にしてもらいたいこと（主なもの3つ以内に○、n=134）

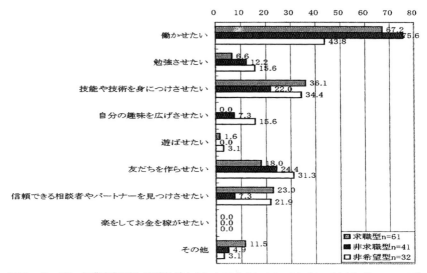

図2-3-78 無業者類型と保護者が本人にしてもらいたいこと（3つ以内に○、n=134）

第2章　若年無業者の課題と生涯キャリア支援　　99

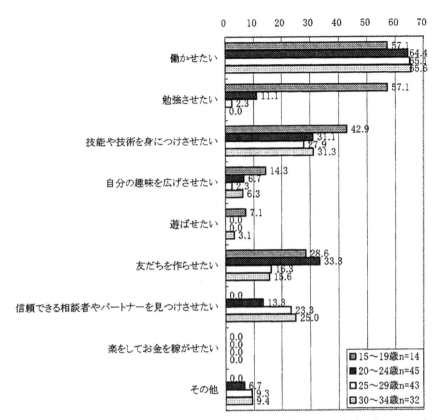

図2-3-79　年齢区分と保護者が本人にしてもらいたいこと（主なもの3対内に○、n = 134）

(13) 支援団体等への要望について

　支援機関等への要望（自由記載）は、企業や学校、行政等への要望が多かった。内訳は、企業等への受入に関する要望（15件）、支援内容に関すること（9件）相談等窓口の設置等（6件）、情報提供（3件）である。

　年齢や学歴に関係なく支援の拡充を望んでいる。支援内容は、「技能・技術の開発」「自分を変えるきっかけ」等を支援してほしいというものである。また、「気軽に相談できる窓口の設置」等や職業情報の提供に関することが多くみられる。保護者等への支援、学校生活に関すること、雇用環境、希望のもてる社会づくり等についての要望が寄せられている。

4．考察
（1）現在の状態になったきっかけ

回答者は非求職型・非希望型で20代前半が多く、学歴が下降するに従い非希望型が増えている。どの類型も両親と暮らして親の経済力に頼り、心身の健康に影響を及ぼしている。「現在の状態になったきっかけ」は「不登校・ひきこもり経験」が多い。20代後半以降は職場でのつまずきが現在に繋がっていることが判明した。

（2）若年無業者の夢と今やりたいこと

「将来の夢」は、「ない」と「わからない」を合わせると非求職型70.7％、非希望型65.6％で、将来に夢を描けないまま暮らしている状況が分かった。「今やりたいこと」は、とくに非希望型は「働きたい」「遊びたい」「友だちを作りたい」を合わせると75.18％で多く、現状を打破して経済的な自立をすることに繋げるには難しい状況である。

（3）思いや悩み事の相談先

回答全般から「不安」「自信がない」「分からない」「一人でいる方が好き」というキーワードが浮かび上がった。「今の生活に満足しているか」では現況を心地よいと思っていないが、他の回答結果と照らし合わせると、「自信がなく動き出せない状況」と読み解くのが妥当である。「生活・社会への満足度」は非求職型・非希望型は約5人に4人が「不満」、10代後半の85.8％が社会への不満を抱えている状況がみられる。

（4）若年無業者のコミュニケーション

「パソコン等で文書作成」「インターネットで情報収集」はできない人が多く、この状況では就職に繋げることは厳しく、技術支援の組み直しが必要である。「自分の意見を他人に説明すること」は、求職型で「できる」が5人に4人、非求職型・非希望型は「できない」が4人に1人で、家族以外の人と接触していない状況が判明した。この課題解決には、学校・家庭・地域社会の連携による「循環型教育」を推進する必要がある。

「よく知らない人と自然に会話する」では、非求職型・非希望型の半数以上

が「できない」と回答し、年齢が増すに従い「できない」という割合が増えている。せっかく求職活動をしても、コミュニケーション力不足で就職できない場合があり得る。また、「人との約束に遅れず行く」で非希望型は4人に一人ができないという状況は、幼児〜児童期に基本的ルールやマナーが定着していないことが無業者になることに繋がっているといえる。

(5) 若年無業者の職業観と離職理由

「就職をしたいか」では、全体で「はい」76.1％、「いいえ」3.7％、「わからない」20.1％である。他のアンケート調査に比べると、「わからない」という回答が非常に多いことが判明した。この点について研究を深めていくことを、今後の研究課題としたい。

離職理由は「人間関係がよくないから」61.0％、「仕事があわない、つまらないから」33.8％、「健康を害したから」20％である。とくに非希望型は「仕事があわない、つまらないから」が54.5％で、在学中に自己分析や業界研究が不足していたか、就職活動を始める時期が遅かったこと等も考えられるので、この点も今後の課題となる。

「仕事について困っていること・不安」は多い順に「仕事に就いても人間関係をうまくやっていける自信がない」「仕事をしたいが自分の能力に自信がない」「自分の能力・適性がわからない」で、人間関係に負担感を持っているので、これらの課題解決が先決となる。

今後の課題として重要な点は、要支援の若者たちが働く意欲を見せて、就職活動を始めても求職段階でつまずきが生じていることである。その理由は、「仕事に必要な専門知識や技術・技能の習得、働く意欲」が不足しているからである。そこで、現在は無業者やフリーターの状態であっても、職業能力開発機構等の入学対象者として扱う環境整備を拡充する必要がある。この制度を活用し、本人がめざす職種の技術・技能を身につけば働くことの意欲が高まり、求職活動に弾みがついて不安や迷いも振り払い、自信を深めることができる。

一方で、社会人として必要な能力を学齢期の頃から備えることが重要である。そのために「生涯にわたるキャリア教育」という視点から個々人にフィッ

トした適正な「キャリア形成・能力開発」と、第1次予防としての「早期発見・早期対応」が重要な鍵となる。

5．若年無業者支援に関する提言

「若年無業者の生活状況に関する調査」の結果から、若年無業者の課題と生涯キャリア教育の支援について提言をまとめる。（図2－3－80）つづけて、次項に詳細について解説する。（表2－3－2）

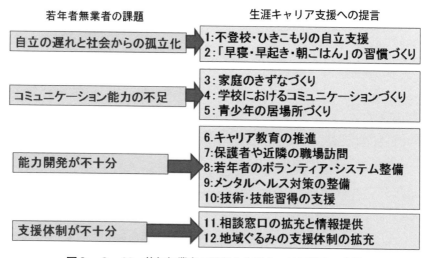

図2－3－80　若年無業者の課題と生涯キャリア教育の支援

表2－3－2　生涯キャリア支援の12の提言

【提言1：不登校・ひきこもりの自立支援】
　不登校・ひきこもりの自立支援や学校になじめない児童生徒の適応支援教室を開設しているが、さらに設置箇所を増やしてきめ細かな整備を提言する。学校・家庭・地域社会の連携による「循環型教育」が若年無業者に移行しない第1次予防策として有効である。

【提言2：「早寝・早起き・朝ごはん」の生活習慣づくり】
　若年無業者に基本的生活習慣を幼少時から習慣づける必要があるので、「早寝・早起き・朝ごはん」を励行できるように、学校や関連団体等に普及啓発することを提言する。

【提言3：家庭のきずなづくり】
　調査結果の「年齢相応のしつけが十分でない」という状況から、基本的なしつけや道徳観、集団規範等を教えると同時に家族団らんで一体感を高めて「家庭の日」の完全実施と、家族間の「循環型教育」の機会を増やすことを提言する。

【提言4：学校におけるコミュニケーションづくり】
　一人っ子や対人関係が苦手な児童生徒のために上級生と下級生と互いの交流機会を持てば友愛の輪が広がるので、全校で「学校きょうだいづくり」を構成することを提言する。学校全体で「循環型教育」ができ、一体感が生まれる。また「放課後こどもプラン」でも異年齢の繋がりを密接にすれば、若年無業者への第一次予防にも効果がある。

【提言5：青少年の居場所づくり】
　「青少年の居場所」では大人たちから学び、友だち同士で遊ぶ等、「循環型教育」を実施している。今後は中学生や無業者にも「放課後子どもプラン」の対象者として扱い、異年齢集団で活動する機会を増やし、カウンセラーを配置するように提言する。

【提言6：キャリア教育の推進】
　本調査で若年無業者の勤労観・職業観の醸成が不十分であるという結果から、学校現場で「生き方を考える」「確かな学力と豊かな人間性」「命を大切にする」等を、入学から卒業までに系統的なキャリア教育を実施することを提言する。また、在学中は社会体験学習、インターンシップ等を実施しているが、卒業すると実施されていない。求職活動を必要としている若年無業者こそが、インターンシップ・社会体験等の機会を活用して能力開発すれば、社会に出る不安感が軽減され、自信を持つことに繋がる。希望すれば、若年無業者もインターンシップや体験学習ができるように整備することを提言する。

【提言7：保護者や近隣の職場訪問】
　小学生が親の職場を訪問し、その働きぶりをみて将来についてイメージしてロールモデルとすることは、地域社会が分業で成り立っていることに感謝の念を深め、自分の命や友だちを大事にすることにも繋がり、人生観・職業観の醸成にも有効である。また、年間に数回は平日に授業参観ができるように企業が社員に配慮し、両親が家族的責任を果たすための支援策の整備を提言する。

【提言8：若年者のボランティア・システムの整備】
　高校生や大学生、若年無業者が市民活動サポートセンター等に登録して、ボランティアとして活動するシステム整備を提言する。地域社会における他の若者や中高年者等とも交流できる「循環型教育」を行い、「保護される受け手側から、担い手へ」と成長す

るように、仕事への意欲、問題解決能力や企画力、コミュニケーション能力等を開発することに繋げることを提言する。

【提言9：メンタルヘルス対策の整備】
　若年無業者がひきこもりから抜け出しても不安感を抱えて、求職段階でつまずくという結果から、本人の意識改革と主体的な生涯キャリア教育が必須であることが分かる。心の健康に関わる状況が問題解決を阻害している場合も多いので、メンタルヘルス対策の整備、若年無業者と企業側を調整するコーディネーターのシステム整備を提言する。

【提言10：技術・技能習得の支援】
　専門知識や技術・技能の習得において、希望する若年無業者も職業能力開発機関等の入学対象者として扱うことを提言する。そして、教育機関の開放講座では自己分析と能力開発を同時に行い、技術・技能が身につけば働くことの意欲が高まり、求職活動に弾みがつく。つまり、技術・技能の能力開発と企業等の情報提供、進路相談、検査等を組み合わせた官民連携の総合的な支援を行うことを提言する。

【提言11：相談窓口の拡充と情報提供】
　中学校卒業者や高校中退者、要支援家庭向けの就職情報が少なく、企業による採用の受け皿も少ないという結果から、仕事を選択する余地すらない状況の中学校中退者や卒業者の就職環境を改善するための行政支援を提言する。また、高校中退者には高校卒業程度認定試験でも厳しい状況で、学歴・年齢による賃金格差のない企業の情報や働きながら生涯学習ができる通信教育、人材登録等の情報をもっと積極的に提供する必要がある。

【提言12：地域ぐるみの支援体制の拡充】
　若年無業者向けの対応策（第2次予防）や予防策（第1次予防）を効果的に行うには、本人と保護者の意識改革が第一であるが、児童生徒に関わる課題を解決するためには、地域ぐるみの生涯学習支援が必要になる。たとえば、2008年度から本格化した都道府県学校支援地域本部運営協議会事業は各市町の学校支援地域本部を支援する。各市町では、いじめや不登校、ひきこもり、学力に関する問題等、子どもたちを取り巻く環境の他に家庭や地域社会での事件や事故等について、すべての大人たちが連携して解決することを目指している。こうした事業への真摯な取り組みと拡充を提言する。

6．研究の成果と今後の課題

　「若年無業者実態調査」による提言書を市に提出したが、その後の成果について述べる。

①相談先一覧の冊子発行

　本調査における「困った時の相談先がわからない」という若年無業者からの意見を受けて、すぐに全県を網羅した相談先一覧の冊子が作成された。

②「青少年自立支援センター設置」の設置

　本調査の結果と提言を受けて、宇都宮市は条例をつくり、2008年に「青少

年自立支援センター（愛称：ふらっぷ）」を設置した。設置の目的は「青少年の社会的な自立に向けた支援及び非行の未然防止を行うことにより、その者の健全な育成を図り、もって青少年福祉の向上を図るため」である。おもな事業を次に掲げる。
- 青少年の総合的な相談に関すること
- 青少年の社会的な自立に向けた支援に関すること
- 青少年の非行の未然防止に関すること
- その他センターの目的を達成するため必要な事業[4]

また、自立支援センターでは開設した2008年度から2012年度にかけて、ニート・引きこもり、非行など青少年の悩みごとの相談件数が295件から2012年度は1,133件（実人数154人）に増えている。相談人数も年々増えており、自立支援センター設置の成果で顕著である。また、年2回発行する広報啓発紙「ふらっぷだより」は自治会の回覧板で各家庭に回覧して市民への啓発行っていることも、本調査において「相談等窓口の設置」を希望する若年無業者の想いに沿うものであり、本調査の実施は意義があったといえる。（表2－3－3）

表2－3－3　年度別の相談件数と就労人数

年度	相談件数	相談人数	就労人数
2008	295	73	8
2009	729	76	6
2010	929	78	6
2011	1,097	197	9
2012	1,133	175	8

今後の課題は「不登校・ひきこもりや若年無業者支援には小規模できめ細かな対応」をすると同時に、「修学支援策も併せ持つこと」が理想的である。

たとえば、民間のみでフリースクールを創るのではなく、公立学校との繋がりを持つ機関として位置づけると社会的な信用度も高い。つまり、支援施設に学校給食を配食したり、遠足や修学旅行の行事を行うと、すぐに元の学校に復

帰する可能性も高い。運営管理についてはNPOや企業、教育機関、地域社会の連携で行う「循環型教育」が効果を挙げる。

　こうした家庭・学校・地域社会の連携による生涯キャリア支援が不安を取り除き、自信をもつことに繋がり、若年無業者に移行しないための第1次予防となり、さらに積極的な能力開発やコミュニケーションの構築が第2次予防として有効であり、妥当性を持つ。

　つまり、現在の若年無業者への対処法と同時に、ニートにならないための予防策が絶対に必要である。たとえば、幼児期から青少年期をどのように過ごし、どのような学力と人間性を育成すればよいのか、保護者は子どもの成長や発達にどのように向かい合えばよいのだろうかと、保健・医療・教育・福祉等の学際的な取り組みが有機的に機能しながら、「学校・家庭・地域社会の連携した循環型教育」の取り組みが肝要である。

第4節　ニートにならないために

　若年無業者（ニート）にならないための予防策はあるのだろうか。具体的に、幼児期から青少年期をどのように過ごし、どのような学力と人間性を育成すればよいのか、保護者は子どもの成長や発達にどのように向かい合えばよいのだろうか。こうした課題解決のためには、保健・医療・教育・福祉等の学際的な取り組みが有機的に機能することが肝要である。ここでは「生涯発達」の視点から、ニートにならないための第1次予防策として、段階別に「子どもの発達と学習」について記載する。

　本節の詳細については、拙著『21世紀の生涯学習―生涯発達と自立―』を参照されたい。

1．生涯発達と健康

　「生涯発達」とは、広義には進歩的変化と退歩的変化の両者を含む心身の生涯にわたる変化で、関連する概念には「成長・発育・成熟」等が使われている。人の発達は、誕生時から老年までの加齢による身長の伸びや体重の増加、語彙数や知識の量が増大する量的変化と、精神・思考構造の変化のような質的変化があり、発達過程は連動し、その働きは複雑化していく。運動習得の順序性・適時性も身体の発達過程と密接な関係がある。

　生涯発達の理論は、人間の発達の普遍的過程を探求するが、社会や文化、時代背景により違う。また、発達段階論にはある一定の年齢には達成しなければならない課題の「適時性」があり、チャンスを逃すと後の発達が順調に進まないと考えられてきたが、現在では、のちの段階で達成し、再学習ができるというように、発達の可塑性を認識するようになった。子どもが、まわりの大人たちの行動を模倣したり、自分自身で体験・学習する過程で、何らかの行動の変化や心的状況に変容があれば、学習の効果があったといえる。

　また、それぞれの節目で達成しておかなければならない課題、あるいは達成

できるような目標を「発達課題」とよぶが、それらの発達課題をクリアすることが、次の発達につながっていく。いったん刷り込まれた行動（インプリンティング すり込み／刻印付け）は消えにくいし、再学習の効果は得にくいといわれ、すり込みのぎりぎりの時期を臨界期とよんでいる[12]。

　身体の各器官の生理的機能は、成人期のはじめ頃までに拡大・充実し、その後にゆるやかに衰退していくが、変化のパターンは個別的である。脳の発達については、生後1年後には成人の脳重量の7割に達し、2年間でもっとも増加し、その後ゆるやかに増加し、20～30歳頃がピークとなる。

　知的能力の指標として知能指数があるが、知能の発達は青年期後期から成人期のはじめにピークに達して、その後下降するといわれてきた。現在では、高齢期になっても低下せず、維持されるということがわかってきた。つまり、よい刺激や与えたり、効果的な学習を継続すると、脳の神経系の構造を活性化して進歩的変化を促す。

　現実に、家庭や地域、学校などにおける子どもの進歩的変化を支えるのは遺伝的要因もあるが、環境的要因の方が大きい。最大の環境的要因は学習による。とくに、乳幼児期の発達は、一生涯における基礎となるべき重要な意味をもち、将来一人前の人間となるための、すこやかな発達への期待のはじまりでもある。　発達の特徴をまとめると、①発達の速度は一定ではなく変速的である。②発達の経路は段階的である。③レディネス（準備性）と適時性との相乗により発達が加速化される。④発達段階や速度には個人差がある。⑤環境（競争・叱咤・激励等）により発達の振幅は変化するなどである（宮崎 2000）[12]。

2．乳幼児期の発達

（1）新生児・乳児期（0～1歳頃）

　人間は1個の受精卵から細胞分裂を繰り返し、平均3kg前後の新生児として誕生する。新生児の1日は70～80％が睡眠で、運動はわずか3％に過ぎない。新生児期には、教えられなくても刺激に対して決まった反応をする反射運動とよび、意図的でない動作に対して自発的に現れる自発行為は原始行動とよ

ばれ、生理的反射（呼吸・吸飲・瞬目・瞳孔反射・咳・くしゃみ等）と、新生児特有の原始反射（把握反射・足指反射・びっくり反射・歩行等）がある。新生児期は立つことも歩くこともできずに、生得運動は反射的な行動とわずかな自発的運動に限られるが、無限の可能性を秘めている時期でもある。

　日数が経つと、学習と経験により、時間の経過とともに変化しつづけ、その変化は充実した状態に向かう進歩的変化と衰退・退行する退歩的変化の過程に分けられる。そして、活動も活発になり、情緒面も発達し、人間らしくなっていく。とくに、新生児にとって、母親からの授乳は飢えを満たすためだけではなく、母親の身体の温かさから直に伝わる快い一体感を身体で感じ（アタッチメントの成立）、保護されている安心感を持つようになる。これらのことが、初めてみる物事への基本的信頼を形成し、人格形成の基礎として身についていく。このような親子の温かいスキンシップが、子どもに与える心理的安定感は重要で、身体の健康状態にも大きく影響する[12]。

　一方で、母親役割の不在・母性剥奪のままに育てられると情緒や知能に遅れがでる。とくに、言語的発達に遅れが生じることは、子どもの発達にとって重大なことである。家族的責任は両性にあるので、母親ばかりでなく、父親も子どもを抱いたり、ミルクを飲ませたり、話しかけたりするなど、できることから実行して、子育てに前向きに取り組む必要がある。

　乳児は3か月頃には首がすわり、5、6か月頃には大人の表情やしぐさ、態度などを観察して、自分の態度を決める「他者への問い合わせ」がみられる。大人たちの一挙一動がモデルとなり、乳児が模倣し学習していく。大人がにこやかに肯定的な態度をとれば、子どもは怖がらないが、怒ったり怖い顔をして否定的な感情を表すと、子どもは泣き出したり怖がったりする。こうした日常の何気ない繰り返しの中で、「他者への問い合わせ」が積み重ねられていき、子どものパーソナリティ形成にも大きく影響することとなる。この時期には、子ども自身が教育環境を整えられないので、なるべくそばでやさしく話しかけたり、ほほえみかけたりして適切な刺激を適時に与えるなど、大人たちの役割は重要である[12]。

4〜6か月すると寝返りもでき、7〜8か月でひとりすわりやハイハイができるようになり、自分から物に近づいて触わることができる。これまで物陰で見えなかった物が、身体を移動することで、違う方向から見ることができるようになる。多面的に物を見るようになると、世界が拡がり多面的な理解が促される。7か月頃からつかまり立ちをして1年頃にひとり歩きができるようになると、さらに世界は拡がり、物が目の前から見えなくても、うしろ側に存在していること（ものの永続性）を学習する。

　こうして、「さわる、つかむ、目で確かめる」などによってさまざまなことを学び、運動能力を身に付けていく。環境からの刺激が運動を生じさせて、その運動がさらに新たな刺激をつくるという相互作用により運動機能を習得していく。そのために、可能な限り、自由に動き回れる環境を与えたり、探索や発見の機会を準備し、積極的な援助をしてあげることが大切である[12]。

　ことばは、1歳未満でも一語文（単語）が話せるようになるが、あまりにも時期が遅い場合には話しかけたり、絵本の読み聞かせなどで刺激を与えるとよい。この時期の運動機能は、知的機能や社会性の発達にも密接に関係しているので、日常の状態を観察し、麻痺・股関節脱臼などの疑いがある場合には専門医に相談する必要がある。

　また、子どもが遊びを経験することで運動機能や諸感覚の開発、知的・情緒の発達、社会性などを身につけていく。つまり、日々の遊びは子どもにとって生活そのものである。反対に、大人のかかわり方が十分でない場合は、子どもは行動モデルによる行動基準の獲得や選択の幅が狭くなる。共働きで、子どもと接する時間が少ない場合には、スキンシップや経験を共有するなど、心の交流を密にする方法を工夫する必要がある[12]。

（2）幼児期・前期（1〜3歳頃）

　乳幼児期は、脳・脊髄などの神経組織や分泌組織の発達が他の時期より顕著である。運動機能も発達して1歳前後で直立して歩けるようになり、子どもの世界が一挙に拡がる。また、周囲の刺激や情報に直ちに運動性の反応を示すが、運動の仕方が衝動的であったり、無駄な動きもある。年齢が低いほど、物

事への集中力はほんの短い間しか続かず、絶えず気が散りやすい。具体的には、2歳前後には階段の上り下りができ、飛んだり跳ねたりして遊ぶことができるし、三輪車やブランコにも乗れるようになり、生涯にわたって必要な運動系の基礎づくりが行われる。つかむ機能も獲得するので、鉛筆などで真っ直ぐな線を描き、ハサミ（幼児用）も使え、話しことばの獲得もめざましい。言語により、自分の意志を伝えられるようになると、実際にものがなくても後で思い出したり、模倣行動ができるようになる。たとえば、砂遊びで砂をご飯に見立てたり、葉っぱを皿の代わりに使ったりと、言語やイメージの象徴的な遊びができるようになる。

　この時期になると、自分の欲求と母親の意見がぶつかる場合もあり、自立への欲求が行動に現れ、欲求が満たされないと欲求不満（フラストレーション）に陥る。欲求不満の一つの系統は、怒って母親の手を払いのける、弟や妹をいじめるなどの攻撃反応、排泄訓練ができるのに夜尿症などの退行現象、離乳食に移行しても哺乳びんからでないと受けつけない固着反応など、無目的的・非課題解決行動がみられる。一方の系統には、同一視、代償、補償、昇華、反動、注意獲得、抑圧、逃避、合理化、投射等の防衛反応がある。ふだんから適度な欲求不満の経験を与えたり、一貫したしつけや温かい愛情を注ぐことが大切である[12]。

　ことばの機能としては、①伝達機能、②概念形成の機能、③自己行動調整の機能が挙げられる。1歳半までには一語文、後半には二語文（二語発語、多語発語）が話せるようになり、2～3歳頃には簡単な文章を、4歳頃には日常会話に不自由しない程度に話せるようになる。コミュニケーションとしての言語は、頭のなかでものを考えたり整理したり、表現する（表象）機能としても重要である。思考のための言語を「内言」といい、発達過程を「言語の内化」とよぶ。たとえば、遊びながらの独り言は、自分に指示したり、行動を抑制して場合である。語彙数が増えだすと、単語を重ねたり、アレンジして多様な使い方ができ、見るもの聞くものに対して好奇心を発揮して学習意欲（レディネス＝準備性）と合致して生活空間が拡がる。さらに、語彙数を増やしながら、具

体的なものの特色や手がかりになる「概念」や数の数え方を獲得していく。

そして、はじめての事柄や物に出会い、自分もやってみたいと興味や関心を持ちチャレンジするが、上手にできないと泣いたりして感情の起伏が激しくなる。自己中心で反抗しているようにみえるので親は叱ったり、強要したくなるが、子どもの自立の表れ（自我の芽生え）であり、幼児期前半の重要な発達課題（第一反抗期）である。自我の芽生えは、子どもが自己と他人の存在を理解する基礎となる。この時期に、順調な「母子分離」が行われないと、それ以降の児童期・青年期の親からの自立がスムースにいかない。親自身が自立していない場合には、「子離れ」ができない。「母子分離」は、幼児期にクリアしておくべき発達課題である。

知的能力とことばの発達は密接な関係がある。発達を妨げ、遅らせる場合には、次のような要因が考えられる。

Ⅰ．子どもの身体的・心理的な要因

①発育が良好でない。②大脳中枢神経系に障害がある。③知能な障害がある。④聴力の障害、⑤口腔器官等の異常（声帯、口唇、舌等のまひ、奇型、口唇裂、口蓋裂）、⑥情緒面の障害、⑦小児精神病、⑧親に過度に依存する等

Ⅱ．周りの環境による要因

①家族の健康状態が良好でなかったり、情緒不安定、②家族間の人間関係がよくない、③家族の口数が過度に少なかったり、逆に多弁すぎる、④過保護な母親が先どりして話してしまう、⑤母親が多忙過ぎ、話しかける機会が少ない、⑥母親がことばは時期がくれば自然に話せると考えて、子どもとへの話しかけをおろそかにする。テレビに子守をさせる。⑦早く自立させるべきと、つっぱねたり拒否的に扱うなどがある[12]。

幼児は、1歳を過ぎると自分でコップや箸を持ち、靴下やパンツを自分で脱げるし、尿意や便意を予告できる。3歳頃には可能な基本的生活習慣、たとえば、①顔を洗う、②歯を磨く、③箸を正しく持って食べる、④服の脱ぎ着がで

き、靴を履ける、⑤ボタンやファスナーが操作できる、⑥風呂でひとりで身体が洗える、⑦排泄をひとりですませてトイレットペーパーで拭くなどは、子ども自身が「実行すれば心地よい」と感じることが習慣づくりの原点になる。また、幼児は遊びを通して能力を獲得する。それは、①未知の世界で、さまざまな経験を通して知識を増やしていく。②情緒的満足を得る。③身体を動かして、新しい技術を学習する。④感覚を働かせて観察力・判断力・集中力などを身につける。⑤自分の考えを整理して組み立て、決定する。⑥社会生活の基礎を学ぶ。⑦自立心・自律心を養っていくなどである[12]。

（3）幼児期・後期（4〜6歳頃）

3〜6歳の時期は、直感的思考段階といわれ、抽象的な言葉の意味を理解し、的確に使えるようになる。遊びの場面でも、前に経験したものを思い浮かべながら（表象・イメージ）遊ぶことができる。経験が豊富になると内在化されたイメージは豊かにふくらみ、自分が創ったり描いたりするものを、意図的・積極的に押し進めることができるようになる。

そして、身の回りの個別の名前ばかりでなく、ことがらの構造やその成り立ち・原因、結果など、関係性にも関心を持つようになる。覚えたての概念を、共通の仲間同士で整理したり（種概念）、本質的な体系（上下関係の概念）を形成していく思考活動は、保育園や幼稚園に通い出すとさらに活発になる。この段階は、子どもの知的発達にとって非常に重要である。親や周囲の大人たちは、面倒がらずに、子どもの好奇心に共感して、つき合うことが大切である[12]。

就学前の時期になると、運動のレパートリーが拡大化・多様化し、運動のやり方も習熟されて、合目的的な動きによる滑らかな運動ができるようになる。具体的には、飛んだり跳ねたり、でんぐり返しができるようになり、自転車にも練習すれば上手に乗れるようになる。これらの活動は、遊びのなかで何度も繰り返し、試みながら学習していく。たくさんの試みの中から成功した動きを通して、何回も繰り返すうちに目的に合致した運動の仕方を覚え、やがて定着していくのであるが、個人差もはっきりしてくる。好奇心が旺盛で、活動的な子どもは活発に試すが、反対に、慎重で臆病な子どもが新しいことへの挑戦を

避けるようになり、個人差が広がる。子どもにとって身の危険がなければ、おおらかな気持ちで接することが大切である[12]。

　5歳になれば、指先などの末端部分の機能も発達するので、ナイフで鉛筆を削ったり、包丁でリンゴの皮むきなどの訓練をはじめるとよい。こうして、適時に教育・訓練を受けて「刺激のシャワー」を浴びた子どもは、自分の興味の世界をどんどん拡げることができる。この時期の子どもの情動は、自己中心性から少し脱却して、友だちが困っていると心配したり、同情したり（共感・同情）、慰めたり、救いの手をさしのべたりできるようになる。反面、暗いところを怖がったり、おばけや恐ろしい物に対して、恐怖（想像的恐怖）を覚えるようになる。その場合には、そのままの状態の子どもをまず受け入れて（受容）、その上で、適切なアドバイスをやさしくすることがベストである。むやみに怒鳴ったり叱ったりすると、問題の解決にならないばかりか、「チック」のような心的緊張を引き起こすことになってしまう。それは、①まばたきを何度も繰り返す。②頬をぴくぴくと動かす。③唇を何度もなめたり噛んだりする。④手を何度も上下する症状などで、自分の意志と関係なく身体の一部が動いてしまう。チックのリハビリには、スキンシップや温かい声かけが、緊張を解きほぐすための一番の良薬である[12]。

　幼児期も、後半の5～6歳になると、自分の欲求や感情を押えられるようになってくる。「少し我慢すれば、後でいいことがある」という経験を重ねると、自己統制（セルフ・コントロール）ができるようになるが、これが自律性の芽生えである。基本的な生活習慣のほとんどは、4歳を過ぎると自立できるといわれている。習慣づけのタイミングをうまく見つけて（適時性）、反復して訓練し、型づけをし、声に出して励ますことが大切である。

　幼児後期には、友人と一緒に集団遊びが楽しくなる。とくに、まわりのものの模倣と自分の想像とを結び合わせて、「ごっこ遊び（象徴的遊び）」が本格化する。大人の世界から学んだものを再現しながら、社会や他人と自分との間の取り方や、問題解決能力の発達課題を身につけていくのである。また、積み木やレゴ、粘土などで造形物を創る「創造的遊び」で、個性や想像力に磨きをか

ける。幼稚園では、「健康・人間関係・環境・言葉・表現」の5領域について、遊びを中心とした集団生活の中で豊かな体験や道徳性の指導を充実させながら、主体的な意欲や態度を育て、小学校以降の教科学習に繋げるように工夫している[12]。

3．児童期の生涯発達と学習

（1）小学校1年生

　小学校入学を契機に、遊びが大半であった生活時間を学校の勉強と遊びに分化させなければならない。平日には朝起きて朝食をとり、身支度を整えて登校しなければならないが、そのような生活の変化に順応できない子どももいる。入学直後は遊びを取り入れて勉強する工夫がされているが、帰宅時の子どもの顔色や言動をよく観察し、たとえば、環境不適合による意欲の減退なのか、新しい環境へのストレス、疲労からくるのかを見極める必要がある。

　この時期には、個人遊びから集団遊びへと発達する。しかし、集中力があるが次々に遊びを換えていき、継続時間も短く注意力も散漫になり、興味があちこち移りやすい特徴がある。一方で、本人は行動を起こさず、上級生や同級生の遊ぶ様子を見て、次の機会に自分の遊びに取り込んでいる場合もある。これらから、先生や友人たちの行動を客観的に観察し、模倣しながら学習していく過程がよくわかる。時に、友人と意見が対立してケンカになったり、口で言い争う場合でも、子どもなりに学習しているので、身に危険や大怪我をしない程度ならば、大人がむやみに干渉して仲裁に入らず、観察することも大切である。しかし、子どもが学校や家庭、地域などでいじめや虐待などを受け、身体や心が傷つけられたり権利が侵害されている場合には、勇気を出して諭し、関係者に報告して対処すべきである[13]。

（2）小学校2年生

　2年生になって新しい環境に順応してしまえば、気分一新でやる気を出し張り切って学習する場合もあるが、一方で教員や級友になじめず悩んでいる児童もいる。

「学習」でいう「学」とは、授業時間に担任の説明を理解できることで、「習」は学習した内容を何度も反復し、他の問題にも応用できる力を獲得することである。両者は両輪の関係で、一体化してはじめて学力の定着といえる。この定着度の点検は学力を積み重ねていく上で必ず必要である。現実には、学校だけではフォローしきれない場合が多いので、家庭学習の時に点検する必要がある。また、食事する時の箸の使い方や、ナイフ・ハサミの使い方、ひもがうまく結べるかどうかなどの基本的生活習慣の確立は、本人の意欲・関心、学力増進にまで影響するので、きちんと修得させて、学校嫌い・勉強嫌いにならないように、環境を整えていくことが重要である[13]。

　子どもは、一番身近で世話をしてくれる親たちの言葉やしぐさ、態度、行動などを模倣し、価値観や道徳観のモデルとして取り込む。具体例としては、子どもに対して共感的で温かく世話をする親の子どもは、他人に対して思いやりの気持ちを上手に表現し、行動に移すことができるようになる。つまり、生活のベースとしての家庭は、多くの教育機能を持っている。たとえば、祖父母や伯父・伯母などの子ども時代の話や考えたこと等を直接話して聞かせ、日本の文化を伝える機能がある。また、身近かな家族の病気や家族の死を経験する等、生命の尊厳を体得させたり、健康を増進させる機能もある[13]。

　学校では、授業の成果を「学力」として評価するが、数値に表しやすい学力と、数値化して計りにくい学力がある。たとえば、親から子どもへの読み聞かせ、読書の習慣によって培われた語彙力・言語能力、幅広い知識、集中力・持久力などは、数値化しにくく見えにくい。しかし、系統的・組織的に教える授業を理解する際の礎となり、学力増進にとり大きな戦力となる。学力の獲得がスムースか否かは、人格形成にも大きく影響するので、子どもについて評価する際は、見えない学力にも配慮する必要がある。つまり、子どもの能力開発が助長されるのは、机の前に座っている時ばかりではない。体験に裏付けられた学習を実践し、問題解決の努力をしていると内に秘められた能力が引き出され、総合的な学習の効果が期待される。児童が興味を示した時には、大人たちは何をおいても本気で話を聞いて励ましてあげて欲しい。子どもに対して心を

こめ余裕を持って対応するには、大人もいい加減な気持ちでなく、進んで勉強して自己を高めていく自己教育力を持ち、一緒に楽しんで観察する余裕を持つことから始めよう[13]。

2年生の単元「地域の人の暮らし」では、子どもたちが進路選択をする時の職業観モデルの基礎になる。人々の協働のおかげで社会や家庭が成り立っていることを理解し、感謝の念を深める。また、家族の一員として手伝いをさせると、自分を大切にし、相手を思いやる気持ちが育ち、職業観・勤労観の基礎づくりができる。これがキャリア教育の原点となる[13]。

(3) 小学校3年生

小学校3年生ともなれば学校生活に慣れ、まわりのことも見えてくるので、自分の言葉ではっきり主張する力がつく時期である。また、友人たちと野球・サッカーなどの集団ルールで勝ち負けを決める遊びが楽しくなり、集中力もつき、運動課題の把握や目標指向性を持つようになる。チームプレイでは、自分の得手不得手はもとより、友人が自分をどのように評価しているかが気になりだし、自発的な競争心も芽生えてくる時期である。

それと同時に、自分を客観的に評価し、反省するようにもなる。このような時には、周りの大人たちは待つべき時は待ち、引っ張るべき時はぐんと引っ張るタイミングを見極めることが大切である。タイミングを判断するのは鋭い「観察眼」である。子どもが遊びや勉強に集中している時は定着度も高くなる。集中力の素は、「好奇心とプラス志向」であろう[13]。

長期の夏休みには、学校を離れて、家庭での教育が問われるときである。小学校入学以来の学年相当の学力が、定着しているか否かを点検する必要がある。この時期には、集中的に行う単純な反復練習にも耐えられるし、やり直したりすることが、それほど大儀ではない。できれば、複雑な計算問題や漢字も、やり方を工夫して修得しておくとよい。10歳前後に定着した基礎学力は、大人になってからも何度も取り出し応用して使える。そうなると、正確に速く使いこなせることも重要であるから、根気強く、繰り返し、定着するまでねばろう[13]。

学校教育週5日制は2002年から実施されているが、土・日の休日は「体験学習の日」と割り切って、子どもと一緒に学習を楽しむ態勢をつくることができる。実際に現場へ行って、子ども自身が見て聞いて触ってみて、その瞬間の風に吹かれたり香りを嗅いだり、5感を駆使して知覚化・意識化した経験は何にも代え難いものである。こうして知覚化された知識や体験は、「結晶性知能」の「長期記憶」として保持される。後日、学校で習う時に、「記憶の引き出し」に保持された情報から必要な情報を探し出して意識に上れば（再生）、経験があざやかによみがえる。子どもが見聞したことがらが教員による授業でより深まり、机上の学習と体験とが補完し合い立体的なものになり、学力が身につくのである[13]。

　そして、根気強い子は、本を最後のページまで読み切ったり、責任を持つ手伝いをしたり面倒がらずに後始末ができたりする。こうした普段の行動の積み重ねにより、深部で「見えない学力」が培われている。子どもが自分で自信が持てない時に、まわりの人が確認し、励ましてあげると、自信と誇りを持って行動できるようになる。あとで、気落ちして困った時でも、ふっと励まされた時のことを思い出して乗り切ってしまうこともある。大人はとかく理想を描き、高いレベルを要求して子どもを引っ張りあげたくなるが、大人が主導権を握ってしまうと失敗してしまう。大人の役目は、あくまでも本人のやる気を育てて、後はじっと見守り、タイミングをみて励ますことである。

　では、「やる気」を育てるための励ましは、どうすればよいか。大人には済んでしまったこととして感慨がなくても、子どもは生まれた瞬間から毎日のように新しい経験をしながら変化している。昨日はできなかった事が今日はできるようになる等、その成長を素直に感激し認めることが、子どもが心底やる気を起こす原動力になる。その役を担うのは、子どもを観察し、昨日と今日の変化の違いがわかるまわりの大人である。子どもの行動側面について、大人が何について喜んだり、怒ったり、励ましたりしてくれるかを、子どもはしっかり観察している。こうした毎日のくり返しの中で、「アイデンティティ」を形づくり、大人として自立していくのである。

たとえば、幼児期から親からの読み聞かせを経験した子どもは、自分でも早く読めるようになり、言語の世界を広げていくことができる。声を出して読む習慣もよい。国語の授業時間の音読も、あがらずに堂々と読め、すでに見たことのある字なら、負担なく読める。本も集中して読むため速度も速くなり、読解力も定着してくる。読解力は、他のことにも生かされる。短時間に効果を上げる短期集中型となり、長文を読みこなすことが大儀でなくなる[13]。

（4）小学校4年生

4年生になると、新しいスポーツのやり方を即座に把握し、多様な条件に対して工夫しながらこなせるようになる。友だちと一緒に一定ルールに則った行動ができ、「友だちと自分は違う」と自己を客観視すると同時に、人間関係における社会性を身につけていく。また、スポーツ技能の習得する適切な時期といわれるので、できるだけ多くのスポーツに出会い、多くの運動機能を習得するとよい。

一方で、子どもの運動不足は、①テレビを観る時間が長すぎる。②勉強や塾に忙しい。③遊ぶ場所が少ない。④歩く機会が少ない。⑤仲間が少ない。⑥遊ぶ方法を知らないなどが要因といわれる。このように、身体を動かさないことや受け身で工夫する必要がない、積極的に体験する機会が少なかったり、子どもなりの仕事を分担させる場面が少ないことなどは、体力面ばかりでなく、意志力や自己統制の弱さにも繋がると指摘したい。

この時期には、男性・女性の違いにも気がつきはじめ、互いに冷やかしあったりもする。広く大人の世界にも目を向け、働いている人についての知識や働く意味を把握するようになり、働いている大人に尊敬の念を深めると同時に矛盾にも気づき、批判するようになる[13]。

学力面では、初等教育の基礎を固める時期であり、抽象的な事象や科学的な分析が教科内容に組み込まれるようになる。それまでの基礎基本が定着していれば、応用力がつくはずであるが、算数などで四則計算をおろそかにしてきた子どもは、桁数の多い計算を面倒がる傾向がある。積立算を間違わずに、最期まで計算していく忍耐力は大変なものである。また、ふだんの生活になじみの

少ない分数・小数・面積・体積・容積の意味と計算の仕方、時刻・時間なども応用問題への大切な導入である。先生の話を聴いて問題は解けても、家に帰ると宿題を一切しない子どもは、計算の習熟が不十分で応用力も育ちにくいし、学力定着の能率も低い。復習は必ずした方が、学力の定着度は断然大きい。

　復習に伴い、与えられた宿題は必ずこなすようにした方がよい。教員が宿題を出す目的には、①授業で学んだ内容を繰り返し練習し、定着させる。②授業での学習効果を高める。③学校で学んだ知識・技能を日常生活の中で応用させる。④学校外活動の先行経験等を授業に生かす。⑤家庭学習の習慣を身に付けるためである。つまり、書いたり読んだり、考えたりする学習時間を増やすことが学力を獲得することに繋がっていくからである。時に、「学校の勉強なんて、社会に出たら役に立たない」と早合点をする向きもあるが、決してそうではない。「現在の学びは、将来のために大切なこと」と伝える必要がある[13]。

(5) 小学校5年生

　5年生は、新しく入学する1年生の世話など、学校での役割を通して高学年への自覚をもつ時期である。また、性的成熟の始まりの時期（第2次性徴）で、女子は10～11歳、男子は12～13歳頃から思春期を迎え、生殖のための生物学的な条件が整い始め、生涯の中でもっとも身体的・生理的発達がめざましい時期である。体力・運動能力もさらに伸びる。そして、自分の身体と友人や同性の親を比較したり、自分の心の中を観察するようにもなり、来るべき青年期への準備段階を迎え、大勢で徒党を組んで遊ぶより、内面的な共感を覚える友人関係に移行する傾向がみられる。

　また、抽象的な事象の説明、科学的な分析などを行って、問題解決に対する論理的思考を獲得していく時期で、能力開発にも個人差がはっきりしてくる。また、自分自身の利害や欲求とは別に、ものごとを客観的・合理的にみることができるようになる。たとえば、親や先生に注意されても、本人が納得できない時には反抗したり、無視したりする場合がある[13]。

　5年生に学習する範囲は大きく拡がり、何でも教材になり得る。訪問先で出会うアクシデントにその場でとっさに行動し、冷汗で切り抜けた体験などは問

題解決能力の開発にプラスする。知識に関する長期記憶の数も増え、自分のもっている情報を一瞬のうちに取り出し、複合し新しい物を創造して応用力を培うことができる。そして、初めての問題を解く時にも自分が考えた道筋が説明でき、客観的に自分を評価することもできる。また、読解力をつけるには、親がまず愉しんで読む姿勢をみせ、活字に慣れるように普段から読書の習慣をつけながら、じっくりと「待つ家庭教育」を実践するとよい。

　高学年になると、勉強に対する自分自身の理解度も自己評価できるようになるが、そのことがストレスになる場合もある。ストレスの原因に対して、対処できない自分が悔しかったり、情けなく思ったり、他人を納得させられない自分をはがゆく思ったりと、悔しさの鉾先が自分の方に向う場合は、積極的な行動により昇華しないといつまでもストレスを抱えたままとなる。その解決策としては、野球などして体を動かし汗とともに発散してしまうか、まっすぐ家に帰って、一時間でも昼寝してしまうなどは効果的な方法だ。一方で、長時間勉強しているわけではないのに成績も安定し、行動にもゆとりのある人は頭の切り替えが速く、ストレスをうまく昇華している。本人が問題を抱えても、自意識が芽生えてくる時期なのでいいたがらない。真剣に自己分析して頭の中を整理し解決への手だてを考え、決めたことを実行すれば、元気を取り戻して、勉強に打ち込めるようになる。ここでも親の温かい助言が何よりの特効薬である[13]。

（6）小学校6年生

　6年生になると、子どものことばの端々に「小学校の最高学年」だという嬉しさと、責任の重さも自覚している様子がうかがえる。また、身長や体重が急成長し、骨格も急激に頑丈になり、声変わりや発毛も始まるなど、思春期の兆候が現れ始める。しかし、やる気のなさや、落ち着きのない不安定な行動が見受けられたりする場合がある。それは、身長の急激な伸び、とくに腕や脚の成長に伴う体格のバランスの崩れや内分泌作用による精神的・心理的なアンバランスが起因していると考えられている。こうした時期を乗り切るためには、家族の温かい励ましや声かけが何より大切である[13]。

学力面では、4、5年生の学習の総ざらいして理解不十分の状態でないかを点検し、学年相当の学力を定着させておかなくてはいけない時期である。今日の分を明日に、明日の分を次に持ち越さないほうがよい、なぜなら、まとめて勉強することが、いかに大変かがよくわかるようになる。実行が無理だと思ったら、早々と計画を練り直そう。ともかく実行して力を蓄えるのが先決問題である。

　小学校段階での進路発達課題は、「勤労習慣の修得・職業概念の理解・職業人モデルへの同一視・自己像の形成と発展・人間性の尊重・自己像の形成と発展・人間関係技能の修得」(『中学校・高等学校進路指導の手引き』文部省 改訂1983) が挙げられている。これらの発達課題は、生涯にわたる進路指導の重要な基礎になる。日頃から、親の仕事ぶりを見たり聞いたりすることはキャリア教育のベースとなる。もし、親の職場を訪問するチャンスがあれば、子連れで出かけてみよう。両親や伯父 (叔父) 叔母 (伯母) たちの仕事ぶりを見聞できると、視野を広げ理解力を深められるし、志望校決定や進路選択の際にも参考になる[13]。

4．青年期の生涯発達と自立

　中学生になると、男子は男性ホルモンの分泌が活発になり、全体的に皮下脂肪が減少し、広い肩幅、ひげ、変声現象など男性特有の身体的特徴がはっきりしてくる。とくに、急激な筋力の増強により素早い動きや瞬発力が顕著になるので、「より速く、より強く」という方向への集中的なトレーニング効果が大きくなる。女子は、女性ホルモンの分泌が活発化して筋力の発達が抑制され、一方で皮下脂肪が蓄積され、身体が丸みを帯び、乳房、性器、子宮の発育が盛んになり、月経 (初潮現象) が始まる。男女とも、顔の表情やあごの鋭角化、鼻の突出、性器周辺や脇下の性毛など成人的特徴が現れ、性的なことがらや異性への関心が高まり、おのずと自分の性と正面から向かい合うこととなる。

　性の概念としては、生物学的な性 (sex) と、社会的カテゴリーの差違に基づき社会的・文化的・歴史的につくられたジェンダー (gender) の概念があ

る。小さい時から、女子には「やさしく、おとなしく」と要求し、男子には「我慢しろ、強くなれ」といいながら育てることは、個人の属性より性別による特定の期待や類型的な偏見（ジェンダーバイヤス）により性別役割分業観念を植えつけることになる。固定化した性別役割分業観念はライフデザインに影響を及ぼすので、お互いの性別の良さを互いに認めながら、本来の人間らしさを追求することが大切である[14]。

　学力面では、中・高等学校で覚えるべき基本的な原理が多くあり、自分に合う勉強の仕方を見つけだす必要がある。授業の内容が理解できたら、次に自分で新しい問題を作り解く、他の人に説明できるか試してみる。解けない問題は、再挑戦すると、案外解ける場合がある。各教科とも、培ってきた断片的知識や興味を融合させて、「学力の固まり」として増進させることが大切である。たとえば、国語の読解力が理科や社会に、算数の確実な計算力が理科に生かされ、歴史への興味が国語力を高めるように、学力の相乗効果が発揮されると、大きな力となる[14]。

　大学における教育は、知的能力の高度な展開を目的とし、自分自身で答えを追求する能力を高めることを目標にしている。小～高校時代に培った「見えない学力」の成果は、大学においてしっかりと根を張っていく。「見えない学力」と「見える学力」は、大学を卒業して社会人となり、やがて世界を切り開いていく時の大きな推進力になる。

　一方で、自分の内面について探求し、孤独感や劣等感、高揚感等を持ち、心身ともに不安定になりやすい時期でもある。多数の人との交流の深まりの中で、「自分とは何者か」という自己定義、「この社会で生きていく」という存在意識、「他者や社会にとり意味があり、認められる自分」を自分で再構成することが、大人に移行していく上で必ず必要となる。学校のクラブや集団活動も、楽しいことばかりでなく、時にはつらいことや傷つけ合う場面もあり、やさしさや思いやりに触れて感激することもある。先輩・後輩の上下関係の中で、礼儀や尊敬の態度を養い、人間関係をスムースに結ぶ、社会性の育成が挙げられる。他人の意見にも耳を傾け、自分の意見もきちんと主張して、コミュ

ニケーション能力の基礎となる自己抑制と自己主張は、集団の中でこそ培われる[14]。

　まわりの大人たちは、子どもが精神的・身体的に変化していくことを自然なこととして温かく見守るとともに、親側からも心理的離乳をし、新たな関係を結ぶ努力が必要である。そして、成績偏重ではなく、勝敗や上手・下手よりも努力やプロセスを重視して、本人の成長や発達を評価することが大切である。その結果、本人による有能感や自律性の獲得は高まり、これは親子関係だけでなく、友人関係も大きな役割を果たしている。そして、自分自身でさまざまな方法で可能性を追求し、困難や悩み、苦労などを克服してはじめてアイデンティティが確立されるのである。

　しかし、大人として責任と義務を問われずに役割を演じることが許される期間を猶予期間（モラトリアム）とよんでいるが、近年は、大学進学率の上昇とともに学校教育終了の年齢が引き上げられ、モラトリアムの引き延ばし現象が生じている[14]。

　このように、青年期の過ごし方は生涯にわたる生き方や進路選択に大きく影響する。自分の兄弟や親以外の大人たちと直接対話する機会があれば、積極的に出かけて、さまざまな考え方や生き方に出会い"刺激のシャワー"を浴びることは大切なことである。そうした中で、青年が自分自身で考え、自分の価値観を大切にしたアイデンティティを確立していくことができるからである。

第5節　本章のまとめ

　2006年に実施した新潟県と埼玉県の若年無業者実態調査は、宇都宮市が2007年に若年無業者実態調査を行う時の先行事例として検討した。とくに、新潟県が事業所、モバイル、就業者、求職者（学生・既卒）の5つのカテゴリーにおいて比較検討、埼玉県では「待ち」から「攻め」へと支援の手を広げる埼玉方式、「若者自立支援センター」の設置について学ぶことができた。宇都宮市では134人の若年無業者に聞き取り調査を行い、「求職型・非求職型・非希望型」の無業類型と年齢別で比較検討した。

　本章の結論は次の通りである。
（1）「不安」「自信がない」「分からない」「一人でいる方が好き」
　　　実態調査の結果から、「自信がない」「不安」「分からない」「一人でいる方が好き」という若年無業者の想いが判明した。今後の青少年自立支援は、「①緊急の対処策、②無業者にならないための予防策」の2つ対策が必要である。
（2）コミュニケーション能力の醸成
　　　「1人でいる方が好き」という思いでは、チームワークが必要な職場では厳しい状況となる。学齢期からコミュニケーション能力や意欲、責任感を醸成する必要がある。
（3）「待つ支援」から「届ける支援」へ
　　　行政はさまざまな施策を施行しているが、無業者や保護者は「情報提供や相談事業が不十分」と答えているので、「待つ支援」から「届ける支援」に転換する必要がある。
（4）パソコンやインターネットの扱いができない状況では就職に繋げることは厳しい。就職を希望する無業者にも技術専門学校を開放することが今後の課題である。

（5）心身に不健康を訴える人についてカウンセリングだけで解決できないケースがある。心療内科に繋げたくても本人は行きたがらない。今後は、市民健康診断の折に検査や内診だけでなく、心的な健康チェックをする専門家も配置することが課題である。

【引用文献】

1）内閣府（2006）.「若年無業者に関する調査（中間報告）」, p.1. www8.cao.go.jp/youth/kenkyu/shurou/chukan.pdf 最終アクセス日2014.7.19
2）文部科学省（2003）.「若者自立・挑戦プラン」（キャリア教育総合計画）の推進 http://www.mext.go.jp/a_menu/ikusei/wakamono/
3）宇都宮市（2006）.「第2次宇都宮市青少年健全育成計画」
4）宇都宮市市民生活部青少年課（2007）.「宇都宮市若年無業者実態調査報告書」
5）宇都宮市青少年自立支援対策検討専門委員会（2007）.「宇都宮市青少年自立支援対策提言書」, pp.1-45.
6）宇都宮市（2007）.「宇都宮市青少年自立支援プラン」
7）宇都宮市青少年自立支援センター（ふらっぷ）（2012） http://www.city.utsunomiya.tochigi.jp/shogai_gakushu/seishonen/003580.html
8）新潟県委託ニートに関する実態調査研究会（2006）.「ニートに関する実態調査研究会報告書」, pp.25-37. http://www.pref.niigata/lg/jp/roseikoyo/1190327667914/html
9）ニートに関する実態調査研究会（2006）.「ニートに関する実態調査研究会報告書」, pp.90-110. http://www.pref.niigata/lg/jp/roseikoyo/1190327667914/html
10）埼玉県（2006）.「ニート対策検討委員会最終提言書」, pp.2-15. http://www.pref.saitama.lg.jp/site/room-topics/911-20100218-368.html
11）宮崎冴子（2008）.「若年無業者に関わる課題と生涯学習支援」, 日本生涯教育学会論集29号, 2008年版, pp.103-112.
12）宮崎冴子（2011）.「21世紀の生涯学習―生涯発達と自立」, 理工図書, pp.52-72.
13）宮崎冴子（2011）.「21世紀の生涯学習―生涯発達と自立」, 理工図書, pp.112-134.
14）宮崎冴子（2011）.「21世紀の生涯学習―生涯発達と自立」, 理工図書, pp.134-140.

第3章　小中学校における「循環型教育」の実践

第1節　「循環型教育」

1．「循環型教育[1]」の背景

　現代の我が国では、経済・産業構造が激変している中で自分の生き方やあり方を模索している人が増え、生涯学習への要求も高度化・多様化している。また、家庭や地域社会における脆弱な教育力に対して、家庭教育と学校教育、社会教育の組織的・有機的な統合が強く求められている。2006年には教育基本法と教育三法（学校教育法、地方教育行政の組織及び運営に関する法律、教育職員免許法及び教育公務員特例法）が改正されたが、喫緊の課題が山積みの状態である。

　本章では、「学校・家庭・地域社会の教育力」に関する課題解決のために、2008年度から始まった「学校支援地域本部事業[2]」について検証する。2008年から3年間、筆者は三重県学校支援地域本部運営協議会委員長として、実行委員会への助言、事業報告会・研修会の開催、事業報告書の作成、地域コーディネーター養成研修会を開催してきた。

　文部科学省は「社会構造がますます複雑化・多様化して子どもを取り巻く環境が大きく変化し、学校がさまざまな課題を抱えているとともに家庭や地域の教育力が低下し、学校に過剰な役割が求められている。このような状況のなかで、これからの教育は学校だけが役割と責任を負うのではなく、これまで以上に学校、家庭、地域の連携協力のもとで進めていくことが不可欠[3]」と明記して、地域ぐるみで青少年を育てることを推進している。

2．「循環型教育」の定義

　「循環型教育」とは、あらゆる時期・機会もしくはあらゆる人々の間で、［教育を受ける人］と［教育を授ける人］の双方が学び合い、その学びが互いに循

環すること」と定義する。つまり、「人は学習内容（知識と知恵）を他人に教える過程で、学習内容をより深化させ、客観化し、他人が理解できるように整理して伝える。教育を受ける側は、教授者と異なる受け取り方をすることにより新たな［気づき］を見いだす。この［教育を受ける人］と［教育を授ける人］との相互教育では、より高度な内容を共有することが可能となる。教育や学びによる刺激は双方向に広がり、他の人にも刺激を与え、次第に高度化し、最初の教授者にその刺激の波紋が戻ってきて（スパイラルアップ）、さらに学習内容を深化させて教授する動機付けに繋がる。結果として、肩書きや性別、年齢、職種の違いを超えて、双方向に学びが循環すること」である。そこで、図３－１－１に「従来の教育」と「今後の教育の捉え方」を比較するために「循環型教育」のイメージを示した。

これまで「知の循環型社会[4]」といった使い方はされてきたが、「循環型教育」の用語は使用されたことがなく新規性があり、今後の教育の在り方に重要な鍵を握る。

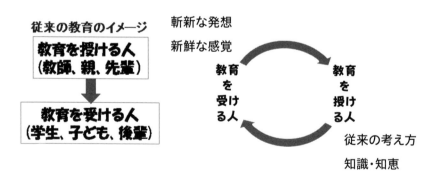

図３－１－１　「循環型教育」のイメージ（従来型と今後の捉え方の比較）

３．「循環型教育」の類型

「循環型教育」は、「いつでも、どこでも、だれでもが生涯にわたって行うこと」が可能で、３つに大別すると次の類型に分けられる。（図３－１－２）

(1) 学校教育における循環型教育
(2) 家庭教育における循環型教育
(3) 地域社会（社会教育）における循環型教育

図3−1−2　「循環型教育」の類型

（1）学校教育における「循環型教育」

　学校教育において、園児や児童生徒及び学生同士と教職員や地域の人々との間で「循環型教育」ができる。大学生と小中高校生、同じ校種の中で上級生と下級生が一堂に会して学び合うことも可能である。たとえば、「学校きょうだいづくり」「大学生による小中学生の学習補助、読み聞かせ等」の例が挙げられる。図3−1−3には高等教育機関の事例を示す。三重大学における「学生生活や学習を支援するキャリア・ピアサポーター[5]」の制度は、所定のキャリア教育科目を履修した学生に対して、学内資格のキャリア・ピアサポーター初級・上級を認定する。資格取得者は授業の補助者SA（Student Assistant）[5]として後輩の授業においてファシリテートする。まさしく上級生から下級生へ、下級生から上級生へ循環する「循環型教育」である。

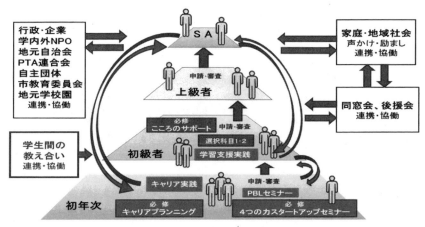

図3−1−3　高等教育機関における「循環型教育」の事例（三重大学の場合）
（三重大学作成の概念図を基に、学校・家庭・地域社会との連携図を宮崎が作成）

（2）家庭教育における「循環型教育」

家庭内で祖父母・親から子へ、また子から親へと、家庭内で対話と団らんを深めながら学び合うことが「循環型教育」である。たとえば、「基本的生活習慣の定着、確かな学力と豊かな人間性の育成、家庭学習の習慣づけ」等の基礎は、家族間による「循環型教育」によって培われる。

（3）地域社会（社会教育）における「循環型教育」

地域社会において、異業種異年齢の直接対話により学び合うことが「循環型教育」であり、「自己・他者理解、受容、自己教育力・向学心の深化、アイデンティティの確立、生きがい・自己実現、進路選択・キャリアプラン、生涯学習の継続、ボランティア・社会貢献、パートナーシップの確立、伝統文化の継承持[6]」等が達成される。地域社会の年長者からの学びは大きな励みになるし、ロールモデルとなって職業選択の可能性がひろがる。同時に、年長者も若者の斬新な発想に刺激されて「循環型教育」の効果が拡がる。こうしてスパイラルアップされた地域教育力が「地域イノベーション[7]」を生み出す。「循環型教育」の有用性について表3－1－1に示す。

表3－1－1　「循環型教育」の有用性

教育効果	教育効果が循環されないと	教育効果が循環されると
生きる力	個別の情報だけでは選択肢が限られ、可能性が拡がらない	異業種・異年齢の生き方のロールモデルを多角的に学ぶと、「生きる力」に繋がる
学習意欲	個別学習に終始すると自己満足し、学習意欲も湧かない	多角的で丁寧な指導で理解できた喜びが意欲を高め、積極的な学習行動に繋がる
学力定着	基礎学力が不足しても、学年に応じた到達度が分からない	温かい声かけや励ましで根気強くなり、理解が深まって、学力が定着する
学校の教育力	一方的な教えは自由な発想や新しい考えが繋がっていかない	生徒と学生、上級生と下級生、教室内での学び合い等で多面的な考えが拡がる
家庭の教育力	情緒不安や孤立化、集団規範が守れず、わがままに育つ	親子の会話で信頼関係が深まる。親が自分の子どもを客観的に見ることができる
地域の教育力	人間関係の稀薄化で、学習環境や生きがいづくりができない	地域の大人との会話や見守りで新しい考えに出会い、年長者へ尊敬心も生まれる
学校・家庭・地域の連携	生活情報や防犯・防災情報が不足すると安心して住めない	子どもが社会規範を学ぶ機会が増え、安心・安全で、「元気な街づくり」ができる
地域イノベーション	世代間交流や後継者不足、産業等の空洞化・過疎化が始まる	豊富な教育資源が教育文化を継承して発展するので「地域イノベーション」に繋がる

（2013 宮崎作成）

第3章　小中学校における「循環型教育」の実践

本書では、「循環型教育」の実践について、小中学校における循環型教育の事例（第3章第2節の学校支援地域本部事業）と高等教育機関における循環型教育の事例（第4章第1節～第3節の学生主催「熟議」）について検証する。

4.「循環型教育」に関連する法令の改正
(1) 教育基本法の改正

近年の教育課題に対応するために、2006年に教育基本法と教育三法（学校教育法、地方教育行政の組織及び運営に関する法律、教育職員免許法及び教育公務員特例法）が改正された。教育基本法は、教育の基本理念や義務教育の機会均等・無償等について定めており、すべての教育法規の根本法となっている。改正の理由は、1947年の制定から60年以上経ち教育環境が大きく変わり、地域社会や国全体で教育を振興するためである[8]。

教育基本法のおもな改正点は次の通りである。

1）教育の目的・目標、理念を明らかにする

①第1条に「教育の目的」、第2条に「教育の目標」、②第3条に「生涯学習の理念」、第10条に「家庭教育」、第12条に「社会教育」、第13条に「学校、家庭、地域住民等の相互の連携協力」等を規定した。生涯学習に関する規定を新設し、生涯学習社会の実現について規定した。③第4条に「教育の機会均」を引き続いて規定し、「障害のある人が十分な教育を受けられるよう、教育上必要な支援を講じるべき」と新たに規定した。

2）教育の実施に関する基本的な事項を見直す

①義務教育、学校教育、教員、社会教育、政治教育、宗教教育等に関する基本的な事項を見直した

②新たに大学、私立学校、家庭教育、幼児期の教育、学校・家庭・地域の連携協力等について規定した

3）教育行政のあり方や教育振興基本計画の策定について定める

「①第16条に、教育のあり方について不当な支配に服することなく、法律の定めるところにより行われるべきと規定した。②国・地方公共団体の役割分担

や必要な財政措置について新たに規定した。③第17条には教育振興基本計画に関する規定を新設し、国・地方公共団体が総合的にかつ計画的に教育施策を推進するための基本計画を定める[8]」と規定した。

教育基本法第13条「学校、家庭、地域住民等の相互の連携協力」に「学校、家庭及び地域住民その他の関係者は、教育におけるそれぞれの役割と責任を自覚するとともに、相互の連携及び協力に努めるものとする[8]」と明記し、学校・家庭・地域で教育が循環することを要請している。

4）教育基本法に規定された「教育振興基本計画」

教育振興基本計画は教育基本法第17条2に「地方公共団体は、前項の計画を参酌し、その地域の実情に応じ、当該地方公共団体における教育の振興のための施策に関する基本的な計画を定めるよう努めなければならない」と新たに策定された。「教育理念の実現に向けて、今後10年間を通じて目指すべき教育の姿を明らかにするとともに、今後5年間（2008～2012）に取り組むべき施策を総合的・計画的に推進する教育計画[8]」である。

「目指すべき教育の姿」は次の通りである。

①義務教育修了までに、すべての子どもに自立して社会で生きていく基礎を育てる
　・公教育の質を高め、信頼を確立する
　・社会全体で子どもを育てる
②社会を支え、発展させるとともに、国際社会をリードする人材を育てる
　・高等学校や大学等における教育の質を保証する
　・「知」の創造等に貢献できる人材を育成する。

こうした観点から、世界最高水準の教育研究拠点を重点的に形成するとともに、大学等の国際化を推進する。その中で、とくに重点的に取り組むべき事柄は次の通りである。

①確かな学力の保証
②豊かな心と健やかな体の育成
③教員が子ども一人一人に向き合う環境づくり

④手厚い支援が必要な子どもの教育の推進
⑤地域全体で子どもはぐくむ仕組みづくり
  ・家庭教育に関する総合的な取り組み
  ・広く全国の中学校区で地域が学校を支援する学校支援地域本部の実施
  ・全国の小学校区で放課後等の学習・体験活動等の場づくり（「放課後子どもプラン」等）の実施
⑥キャリア教育・職業教育の推進と生涯を通じた学び直しの機会の提供
  ・職場教育の推進と生涯を通じた学び直しの機会の提供の推進
⑦大学等の教育力の強化と質保証
⑧卓越した教育研究拠点の形成と大学等の国際化の推進
⑨安全・安心な教育環境の実現と教育への機会の保障等[8]である。

　2009年〜2010年に筆者は鈴鹿市教育振興基本計画策定委員会副座長を努め、めざす子ども像や重点目標等をまとめて鈴鹿市教育振興基本計画『つなぎつながる鈴鹿の教育』[9]を提出した。（図3−1−4、図3−1−5）また、2007年の「地方教育行政の組織及び運営に関する法律」の改正で「教育委員会は毎年、教育行政事務の管理及び執行状況について点検及び評価を行い、その結果を公表しなければならない」と規定された。筆者は2008年度から毎年、鈴鹿市教育委員会活動の点検・評価[10]を担当し、施策の方向及び活動内容について成果や課題について点検・評価し、報告書を提出している。

5）鈴鹿市における教育振興基本計画
　教育基本法第17条2で、「教育振興のための基本計画を定めるように」と策定されたことを受けて、鈴鹿市も施策を総合的・計画的に推進する教育計画を立てた。「目指すべき教育の姿」は次の通りである。

（2）学校教育法の改正
　教育基本法の改正を受けて学校教育法が改正された。おもな改正点は次の通りである。

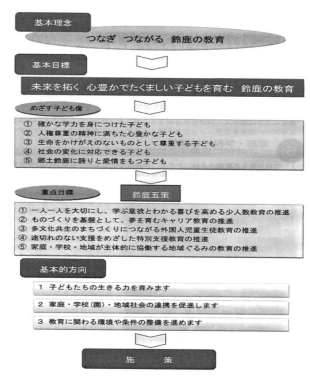

図3－1－4　鈴鹿市教育振興基本計画の体系[9]

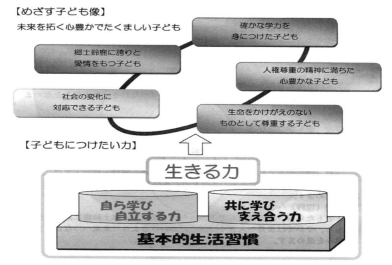

図3－1－5　未来を拓く　心豊かでたくましい子どもを育む鈴鹿の教育「めざす子ども像」[9]

1）各学校種の目的と目標の見直し等
　①義務教育の目標を定めるとともに、幼稚園から大学までの各学校種の目的・目標を見直し
　　・規範意識、公共の精神に基づき主体的に社会の形成に参画する態度
　　・生命及び自然を尊重する精神、環境の保全に寄与する態度
　　・伝統と文化を尊重し、我が国と郷土を愛する態度、他国を尊重し国際社会の平和と発展に寄与する態度
　　・これらを活用して課題を解決するために必要な思考力、判断力、表現力その他の能力の育成
　　・主体的に学習に取り組む態度を養うこと
　　・学校種の規定順に幼稚園を最初に規定した
2）副校長等の新たな職の設置
　学校における組織運営体制や指導体制の確立を図るため、幼稚園、小中学校等に副校長、主幹教諭、指導教諭等の職を置くことができる。
3）学校評価と情報提供に関する規定の整備
　①学校は、教育活動や学校運営について評価を行い、改善を図るために必要な措置を講じて教育水準の向上に努めることとした。
　②学校は、保護者及び地域住民その他の関係者の理解を深めるとともに、これらの者との連携協力を推進するため、学校の教育活動その他の学校運営の状況に関する情報を積極的に提供するものとした。
4）大学等の履修証明制度
5）公立大学法人による高等専門学校の設置[8]等である。
　こうして、「学校・家庭・地域社会の連携」に関する問題を解決するために改正された社会教育法は、「地域ぐるみで人材育成すること」にさらに弾みをつけることになった。
（3）社会教育法の改正
　社会教育法では、「社会教育とは、学校教育法に明記されている学校教育の教育課程として行われている教育活動を除き、主として青少年及び成人に対し

て行われる組織的な教育活動（体育及びレクリエーションの活動を含む）[8]」と定義している。1965年に、ユネスコが「生涯教育は家庭教育・学校教育・社会教育を統合した教育」と勧告してより、「生涯教育」の一環として捉えるようになった。

我が国では、1971年に「生涯教育」の概念が初めて社会教育審議会答申に登場した。1985～1987年の臨時教育審議会では3年間のうちで4回の答申が行われ、「生涯学習体系への移行」が実現した。翌年に、文部科学省は社会教育局を生涯学習局に改組して筆頭局とし、学校週5日制や40人学級、総合学科創設、大学設置基準大綱、社会人選抜制度、夜間大学、放送大学等を設置した。

生涯教育の概念は、端的にいえば「家庭教育」は保護者等による家庭での教育、「学校教育」は学校教育法に則った組織的・系統的な教育、それ以外の機会に行う教育が「社会教育」と捉えることができ、企業内教育訓練等も社会教育の範疇に入る。

2008年に社会教育法が改正された点をまとめると、①社会教育行政は生涯学習振興に寄与すること、②家庭・学校教育に対して社会教育が支援すること等である。②については、社会教育法第3条3項に、「社会教育が学校教育及び家庭教育との密接な関連性を有することにかんがみ、学校教育との連携の確保に努め、及び家庭教育の向上に視することとなるよう必要な配慮をするとともに、学校、家庭及び地域住民その他の関係者相互間の連携及び協力の促進に視することとなるよう努めるものとする[8]」と明記された。そして、教育委員会の職務に次の事柄が追加された。

①放課後・休日に学校等を利用して学習等の機会を提供する
②家庭教育に関する情報を提供する
③図書館、博物館の事業に教育活動の機会を提供する
④学校支援地域本部事業や放課後子ども教室推進事業を教育委員会の事務とする
⑤家庭教育に関する情報の提供を教育委員会の事務とする

⑥公民館、図書館、博物館等の運営状況の評価及び改善、市民への情報提供の努力義務
⑦専門職員の資質向上と資格要件の見直し、専門職員の研修の義務化等[8]

今後、教育委員会は学校と家庭、地域社会との連携に関する職務もより重要となる。

第2節 「循環型教育」としての学校支援地域本部事業

1．事業の背景と目的

　学校支援地域本部事業の背景には、2006年改正の教育基本法13条に「学校、家庭及び地域住民等の相互の連携協力」の規定が新設され、「条文を具体化する方策の柱であり、学校・家庭・地域が一体となって地域ぐるみで子どもを育てる体制を整える[11]」と明記された点がある。

　2008年の生涯学習審議会答申「新しい時代を切り拓く生涯学習の振興方策について」は、「今後の生涯学習をより具体的な戦略として発展させるためには、行政と市民、男性と女性、若年者と高齢者等のパートナーシップ、さらなる産学社の連携、家庭教育・学校教育・社会教育の統合、市民のネットワーキングが必要[12]」と強調している。文部科学省は学校支援地域本部事業を2008〜2010年は委託事業、2011年度から補助事業に移行したが、その必要性は次の通りである。

　①学校教育の充実と発展を願い、児童生徒の学力向上と人間性の醸成のために地域ぐるみで支援する必要性
　②教員の質的向上を実現し、また、心のゆとりを持ちながら児童生徒に接する時間を生み出す必要性
　③市民の培ってきた能力を児童・生徒のために発揮する機会や自己実現の場とする
　④地域の活性化、担い手の育成等を急がなければならないこと[12]

　学校支援地域本部事業の目的は「地域全体で学校教育を支援する体制づくり」である。
　①教員や大人が子どもと向き合う時間を拡充し、子どもたちの教育をよりよいものにする
　②自らの学習成果を子育てに生かす場を拡充し、生涯学習社会を実現する

第3章 小中学校における「循環型教育」の実践　139

③学校を核とした地域の活性化を推進して地域教育力を向上させること[12]

以上の目的をめざして、学校側が支援して欲しいことについて地域ボランティアが教員のアシスタント役を担い、児童生徒にきめ細かな指導をするねらいがある。（図3－2－1）

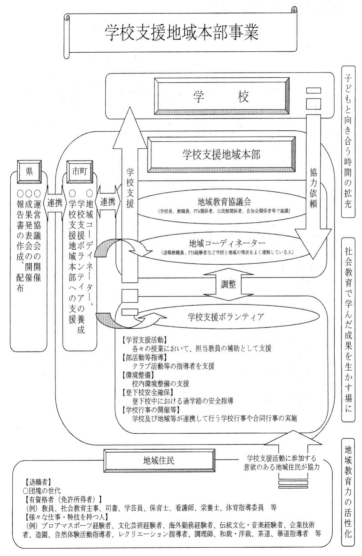

図3－2－1　学校支援地域本部事業の概念図 出典：三重県による報告書[13]

学校支援地域本部事業は「循環型教育」の類型では学校教育・地域社会（社会教育）に適応する事例である。まとめると次の通りである。
　①地域のボランティアやコーディネーターが学校・教員・児童・生徒を支援する
　②教員、児童・生徒等、異業種・異年齢の人たちが学び合う機会を増やす
　③循環型の生涯キャリア教育を構造的・機能的に推進して地域活性化を助長し、地域社会に新しい価値を生み出す等

２．三重県における事例

　2008～2010年度に、三重県は文部科学省からの「学校支援地域本部事業に関する通達」を受けて県内の小中学校に実践校を募ったところ、6市町（津市・松阪市・鈴鹿市・名張市・明和町・紀宝町）より応募があり、学校支援地域本部を設置した。その実践校は2008年度に44校であったが、2010年度は73校に増えた。三重県では本部事業の実態について県全域でアンケート調査を実施する機会がなかったので、2010年度における津市と鈴鹿市の事例を次に挙げる。

　（1）津市の事例

　津市では小中学校2校に地域本部がつくられた。T小学校支援地域本部では、「基礎・基本の定着を図る」「体験から学ばせる」「児童を事件・事故から守る」「学習環境を整える、郷土を知り、大切にする心を育てる」等を支援する取り組み[13]を行った。I中学校支援地域本部（サポーターいっちゅう）では「学習支援」「キャリア教育支援」「生徒会活動支援」「地域教育力向上支援」の事業[13]を実施している。そして、津市内の学校支援ボランティアの活動状況を把握するために、すべての幼稚園・小中学校を対象にアンケート調査を実施したところ、回答者5,034人のうち4026人（約80.5％）のボランティアが小学校で活動していることが分かった。そして、多くの学校が「地域の方々と交流する機会が増え、学校と地域の連携が深まった」「子どもたちの学習効果が高まった」等の成果を挙げた。一方で「学習支援ボランティアとの連

絡・調整をする時間がない」「推進するための経費がかかる[13]」等、具体的に課題を指摘している。（図3-2-2）

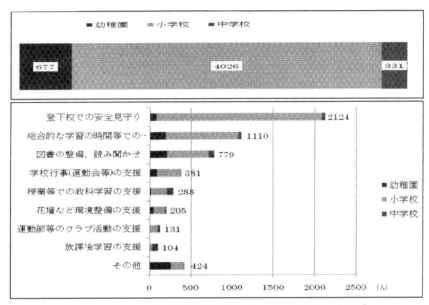

図3-2-2　津市の学校支援ボランティアの活動別の人数[13]

(2) 鈴鹿市の事例

　鈴鹿市では1年目の2008年度に20小中学校の参加で始まった本事業であるが、2010年度には40校のすべての小中学校が参加している。2010年度の登録ボランティアは全校合わせて4,015人で、その属性は表5-2-1、表5-2-2の通りである。次に、3年間の事業実施の成果を報告書「平成22年度三重県学校支援地域本部事業のあゆみ[13]」から抜粋する。

①個々の児童への学習支援が効果的に行われ、児童の学習意欲の向上がみられる

②朝の読書や読み聞かせで読書に親しむ児童が多くなった

③学習ボランティア学年に応じた補助をして貰い、基礎・基本の定着に役立っている

④低学年の朝学習への協力で落ち着いて学習に臨め、学校全体が落ち着いてきた
⑤教職員の間でも時間的余裕が生まれ、学習不振の子どもに対応する時間が確保できるようになった等である。

一方で、課題として挙げられた回答を抜粋すると、
①コーディネーターやボランティアと学校職員との打ち合わせの時間がとりにくい
②一定の資質を要求される業務を依頼する際の人選方法や研修の充実
①有識者だけでなく、地域の関係団体への周知を図り、学校と地域との一層の連携強化、保護者・地域・学校の三者による研修会等[13]は今後の課題である。（表3－2－1）

表3－2－1　支援ボランティアの属性と年齢区分[13]

属性	人数（％）	年代	人数（％）
保護者	1587（38.2％）	10代	10（0.2％）
地域住民（保護者を除く）	2300（55.4％）	20代	139（3.3％）
		30代	983（23.7％）
学生	131（3.2％）	40代	852（20.5％）
その他	132（3.2％）	50代	447（10.8％）
合計	4150（100％）	60代以上	1719（41.4％）

（鈴鹿市作成 2010）

「地域ボランティア」の人数は保護者以外の地域住民が55％で、年代は60代以上が41.4％を占めている。表3－2－2における3年間の事業の成果をみると、地域住民側も支援活動を通じて「地域住民の生きがいづくりや自己実現に繋がった」「地域の教育力が向上し、地域の活性化に繋がった」と評価している。本部事業のねらいは、本来は地域社会の大人たちが教員や児童生徒を支援することである。実際に実施してみると、ボランティアからの一方向の支援ではなく、保護者と教員、児童生徒、地域住民との間に「循環型教育」の成果があったことが判明した。

第3章　小中学校における「循環型教育」の実践

表3-2-2　学校とコーディネーターによる本事業の評価（人）[13]

	効果が得られた		ある程度得られた		あまり得られなかった		得られなかった		分からない	
	学校	コーディネーター	学校	コーディネーター	学校	コーディネーター	学校	コーディネーター	学校	コーディネーター
子どもたちが地域住民と交流することにより様々な体験の場が増え、学力や規範意識、コミュニケーション能力の向上になった	10	11	24	18	2	0	0	0	1	5
地域住民が学校を支援することにより、教員が授業や生徒指導等により力を注ぐことができた	11	6	21	24	7	1	0	0	1	3
地域住民の生きがいづくりや自己実現に繋がった	10	10	22	15	3	1	0	0	5	8
地域住民が支援することにより、地域の教育力が向上し、地域の活性化に繋がった	5	6	22	19	6	0	0	0	0	0
合計（n＝277）	36	33	89	76	18	2	0	0	7	16
	69（24.9%）		165（59.6%）		20（7.2%）		0（0%）		23（8.3%）	

（鈴鹿市作成 2010）

3．文部科学省における学校支援地域本部事業の調査

（1）調査の目的と方法

　文部科学省は学校支援地域本部事業の実態を把握することを目的とし、委託事業から補助事業へ移行する直前の2011年2月に、全国規模のアンケート調査を実施した。調査表は都道府県を通じて市区町村に送付し、市区町村が学校やコーディネーター、市町村教育委員会の調査対象者に配布・回収して文部科学省に返送する[14]方法で実施した。

（2）調査の対象と実施時期

調査時期は2011年2月で、調査対象は平成22年10月1日現在、本部事業に取り組んでいる全国の学校や市区町村教育委員会、コーディネーターを対象に実施した。

①学校調査

本部事業実施市町村につき1校、指定都市は最大5校で合わせて1,030校を対象とした。

②コーディネーター調査

本部事業実施市町村につき1名、指定都市は最大5名で、合わせて1,030名を対象とした。

③市区町村教育委員会調査

本部事業を実施している全国の市町村及び東京都の特別区で、1,005市区町村教育委員会を対象とした[14]。

（3）調査の内容

調査の内容は、（ア）学校調査、（イ）コーディネーター調査、（ウ）市区町村教育委員会調査のいずれについても、域内で取り組まれている本部事業の概要、具体の取組内容、効果、課題、課題を改善するための工夫、事業の進捗状況について選択肢を設けて回答してもらうアンケート調査とした。

なお、多くの設問については、文部科学省が平成21年度に株式会社三菱総合研究所に委託して実施した「学校支援地域本部事業」実態調査研究の結果との比較が可能となるよう、設問や選択肢を流用しつつ、市区町村や各支援本部関係者の負担軽減等に配慮し、設問数を学校調査及び市区町村教育委員会調査では12問、コーディネーター調査では11問に厳選した。回収状況は表3－2－3の通りである。

表３−２−３　調査票の回収状況[14]

調査対象別	調査票の配付数	調査票の回収数	回収率（％）
学校	1,030	970	94.2
コーディネーター	1,030	928	90.1
市区町村教育委員会	1,005	828	82.4

（出典：文部科学省生涯学習政策局社会教育課）

（4）調査の結果

1）属性と活動内容

「学校の属性」は、小学校59.6％、中学校39.6％である。「教員数」は11-20人が39.6％でもっとも多く、21-30人が29.3％で続く。「校種別」では小学校は11-20人が44.1％でもっとも多く、21-30人が27.5％で続いている。中学校では11-20人と21-30人がともに32.4％で最も多く、31-40人が20.3％で続く結果となっている。また、幼稚園では11-20人が66.7％で最も多く、これに21−30人が33.3％で続き、この両者で100％を占めている[14]。

「学校の実施状況で最も多い活動内容」は、「学習支援」で77.0％を占めている。次いで、「校内環境整備」69.0％、「読み聞かせ・読書活動支援・図書室整備」67.8％、「子どもの安全確保」64.7％の順となっている[14]。（図３−２−３）

「学校として特に重要と考える活動」は、「学習支援」が52.6％で最も多く、次いで「読み聞かせ・読書活動支援・図書室整備」が41.3％で続いている。そして、「校内環境整備及び子どもの安全確保」はともに約30％となっている[14]。（図３−２−４）

「学習支援の具体的内容」は、「ゲストティーチャーとしての授業の補助が最も多く75.9％、次いで、「授業における実験、実習、校外学習の補助」62.6％、「教師のアシスタントとしての教員の授業補助」が50.1％の順となっている[14]。（図３−２−５）

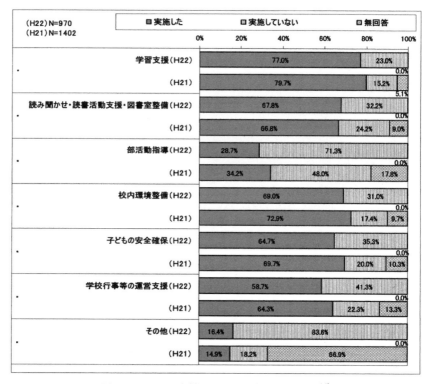

図3－2－3　学校における本部事業の活動[14]

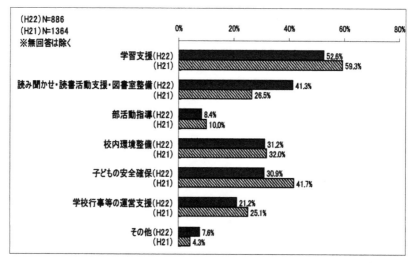

図3－2－4　学校として特に重要と考える活動（2つまで回答）[14]

第3章 小中学校における「循環型教育」の実践　　*147*

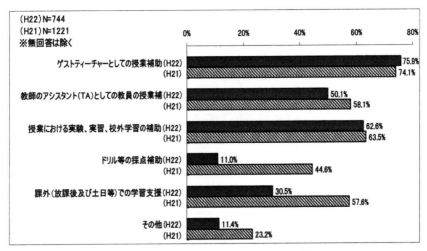

図3－2－5　学習支援の具体的内容[14]

　結果をみると、「地域住民等による学校支援の取組」は、比較的新しい「学習支援と読み聞かせ・読書活動支援・図書室整備」がトップグループを占め、一方で、PTAや町内会等の地域住民組織の会員を中心として早くから多くの地域や学校で取り組まれてきた「校内環境整備、子どもの安全確保、学校行事」等の運営支援は、多くの市区町村で引き続き取り組まれていること[14]がわかった。(図3－2－6)

　学校と市町村との活動内容に差異がみられるのは、学校以外の場所で市町村が独自に実施している事例も含まれるからである。子どもたちが地域住民と交流することにより、さまざまな「循環型教育」の機会が増え、学力向上や豊かな人間性、規範意識、コミュニケーション能力の向上につながった。

　「市町村としてとくに重要と考える活動」は、「学習支援を特に重要」と位置づける市町村が53.7％と最も多く、次いで「子どもの安全確保」(42.3％)、「読み聞かせ・読書活動支援・図書整備」(40.6％)、「校内環境整備」(33.1％)の順である。一方で、多くの地域や学校で、長期期間にわたる取組が続いてきた体育祭や文化祭等の「学校行事等の運営支援」18.2％、「部活動指導」は7.7％[14]である。(図3－2－7)

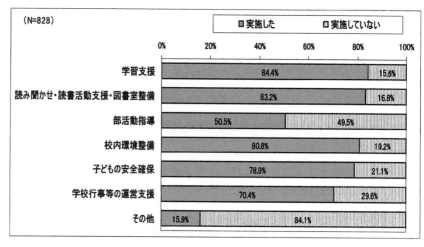

図3-2-6　市町村における本部事業の活動内容[14]

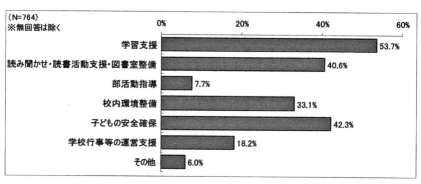

図3-2-7　市町村として特に重要と考える活動（2つまで回答）[14]

2）コーディネーターの属性と活動状況等

「本部に所属しているコーディネーターの人数」は「1人」が48.0％で最も多く、次いで「2人」が20.6％、「3人」が12.5％の順になっている。

「活動開始年」は、「本部事業開始初年度の平成20年」が42.1％で最も多く、「開始前の平成19年以前」は3.2％にとどまっている。「性別」は男性が49.2％、女性が46.7％である。「年齢」は一般に退職後の世代と思われる60代が33.6％で最も多く、次いで、保護者世代と思われる40代が30.2％、50代が

18.8％の順となっている[14])」。

　「これまでの経歴」は、「元PTA関係者」が最も多く（26.6％）、次いで「退職教職員」（25.6％）、「地域住民組織（自治会等）関係者」（18.3％）の順となっている。最も高い割合を占める元PTA関係者と現PTA関係者を合わせると41.0％、退職教職員と現役の学校教職員を合わせると29.7％である。同じく学校関係者という視点でみると、学校評議員・学校運営協議会等関係者は15.2％を占めている。また、地域住民組織等（自治会等）関係者についても、18.3％と高い割合を占めている[14]。（図３－２－８）

　「１か月の活動時間」は、最も多いのは0.5-10時間で30.9％、次いで21-40時間17.8％、11-20時間16.7％が続く。

　「学校訪問回数」は、１か月当たり２-４回が27.8％で最も多い。次いで８-10回は16.5％、５-７回は13.4％である。これら２-10回までを合わせると６割近くを占めており、１週間当たりにならすと１～２回の訪問が平均的なようである。ただし、ほぼ毎日のように訪問する16-20回と21回以上についても、合わせると13.3％を占める[14]。（図３－２－９、図３－２－10）

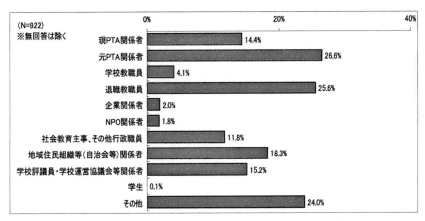

図３－２－８　コーディネーターの属性（複数回答)[14]

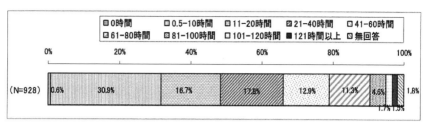

図3-2-9　コーディネーターとしての活動時間（1か月当たり）[14]

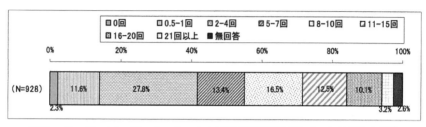

図3-2-10　コーディネーターとしての学校訪問回数（1か月当たり）[14]

（3）本部事業の効果

①学校として感じている本部事業の効果

「学校として感じている本部事業による効果」では、子どもたちが地域住民と交流することにより、様々な体験や経験の場が増え、学力や規範意識、コミ

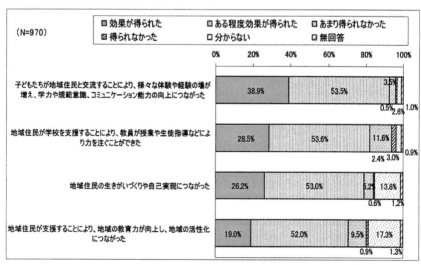

図3-2-11　学校として感じている本部事業による効果[14]

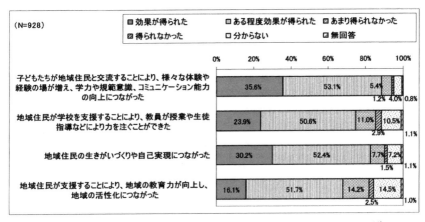

図3－2－12　コーディネーターが感じている本部事業による効果[14]

ュニケーション能力の向上につながった（以下「学力等の向上」）が「効果が得られた」と「ある程度効果が得られた」を合わせると92.4％となる。次いで、地域住民が学校を支援することにより、教員が授業や生徒指導などにより力を注ぐことができる（以下「教員の指導力強化」と「ある程度効果が得られた」を合わせると82.1％である」。（図3－2－11）

2）コーディネーターが感じている本部事業の効果

「コーディネーターが感じている効果」が最も高いのは、「学力等の向上」で「効果が得られた」と「ある程度効果が得られた」を合わせると88.7％で、次いで「地域住民の生きがい」「効果が得られた」と「ある程度効果が得られた」を合わせると82.6％である。（図3－2－12）

3）市区町村として感じている本部事業の効果

「市区町村が本部事業で得られた成果」で、高い割合を占めるのは「学力等の向上」で、「効果が得られた」と「ある程度効果が得られた」を合わせると89.7％で、次いで「地域住民の生きがい」で「効果が得られた」と「ある程度効果が得られた」を合わせると81.0％である。一方で「教員の指導力強化」は「あまり得られなかった」と「得られなかった」を合わせると19.9％である。（図3－2－13）

（4）本部事業の課題
1）学校として感じている本部事業の課題
　「学校として感じている本部事業の課題」では、「ボランティアへの活動謝金

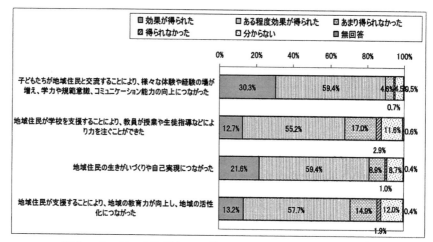

図3－2－13　市町村として感じている本部事業による効果[14]

がない」が最も多く38.9％で、「事業費が弾力的に運用できない」が38.0％と僅差でつづき、さらに「ボランティアへの交通費がない」が29.3％と予算（経費）を課題とする学校が特に多い。また、「本部事業に対する学校・教職員の理解が不十分」25.7％、「学校がボランティアに期待する活動が明確になっていない」23.4％、「学校における受入体制が十分整備されていない」8.5％等[14]、学校側の課題も多く指摘されている。

　「ボランティア」に関しては、「学校のニーズに合うボランティアがいない」23.4％、「ボランティアが活動できる時間と学校が求める活動時間が異なる」23.2％など、ボランティアを求める学校とのいわゆるミスマッチが課題となっている[14]。

　「コーディネーターに関する課題」は、「コーディネーターと学校との連携が不十分」「コーディネーターの事務負担が大きい」が最も高い割合を占めるが、ともに約17％にとどまっており、他に比べると課題が少ないようにも見える。さらに、教育委員会に関しては、「教育委員会として学校や地域社会と

の連携が不十分」10.3％、「教育委員会として学校へのサポートが不十分」7.4％など、コーディネーターよりもさらに課題が少ないことがわかる。その他、「地域社会の理解が不十分ではない」「当自治体としての本部事業に関する今後の方向性が明確でない」が、ともに約15％となっている[14]（図3－2－14）

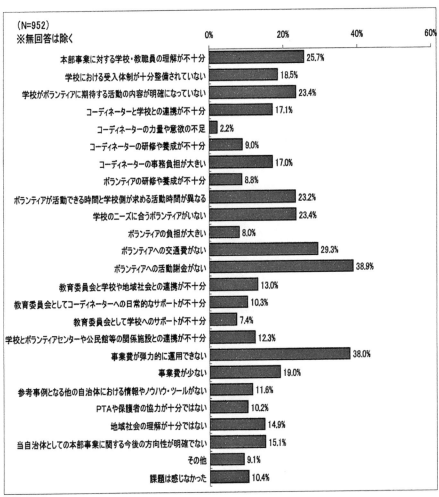

図3－2－14　学校として感じている本部事業の課題（複数回答）[14]

2）コーディネーターとして感じている本部事業の課題

　「コーディネーターとして感じている本部事業の課題」は、「事業費が弾力的

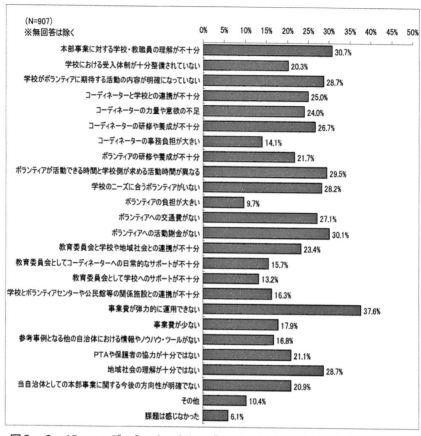

図3−2−15　コーディネーターとして感じている本部事業の課題（複数回答）[14]

に運用できない」が最も多く37.6％で、次いで「本部事業に対する学校・教職員の理解が不十分」30.7％、「ボランティアへの活動謝金がない」30.1％、「ボランティアが活動できる時間と学校側が求める活動時間が異なる」29.5％、「学校がボランティアに期待する活動の内容が明確になっていない」と「地域社会の理解が十分でない」がともに28.7％で、「ボランティアへの交通費がない」27.1％の順となっている[14]。（図3−2−15）

3）市区町村として感じている本部事業の課題

「市区町村として感じている本部事業の課題」は、「事業費が弾力的に運用できない」が最も多く53.3％で、次いで「本部事業に対する学校・教職員の理

第3章 小中学校における「循環型教育」の実践　155

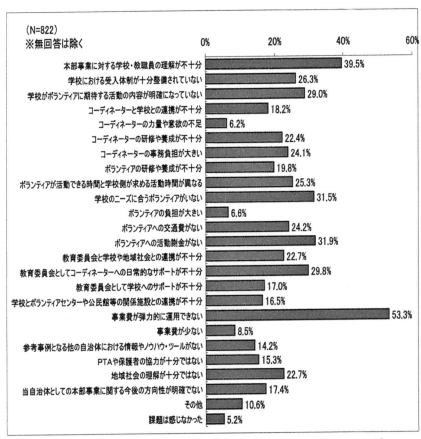

図3-2-16　市町村として感じている本部事業の課題（複数回答）[14]

解が不十分」39.5％、「ボランティアへの活動謝金がない」31.9％、「学校のニーズに合うボランティアがいない」31.5％の順となっている。

　これらの課題を次の5つに分けると、「（ア）学校・教職員に関する課題、（イ）予算・事業費に関する課題、（ウ）ボランティアに関する課題、（エ）コーディネーターに関する課題、そして（オ）市区町村自らに関する課題である[14]。最も高い割合は（イ）予算・事業費に関する課題で、全項目中のトップを占めているのは「事業費が弾力的に運用できない」53.3％、「ボランティアへの活動謝金がない」31.9％、「ボランティアへの交通費がない」24.2％、「事業費が少ない」8.5％を合わせると117.9％となる。

次いで、(ア) 学校・教職員に関する課題で、「本部事業に対する教職員の理解が不十分」39.5％に、「学校がボランティアに期待する活動内容が明確になっていない」29.0％、「学校における受入体制が十分整備されていない」26.3％を合わせると94.8％となる。

3番目は「(ウ) ボランティアに関する課題で、「学校のニーズに合うボランティアがいない」31.5％に、「ボランティアが活動できる時間と学校側が求める活動時間が異なる」25.3％と、「ボランティアの研修や養成が不十分」19.8％、「ボランティアの負担が大きい」6.6％を合わせると83.2％となる。

4番目は（エ）コーディネーターに関する課題で、「コーディネーターの事務負担が大きい」24.1％、「コーディネーターの研修や養成が不十分」22.4％、「コーディネーターと学校との連携が不十分」18.2％、「コーディネーターの力量や意欲の不足6.2％を合わせると70.9％となる。

最後に、(オ) 市区町村自らに関する課題で「教育委員会としてコーディネーターへの日常的なサポートが不十分」29.8％、「教育委員会と学校や地域社会との連携が不十分」22.7％、「教育委員会として学校へサポートが不十分」17.0％をわせて69.5％となっている[14]。(図3－2－16)

4．本部事業の成果

三重県の本部事業運営協議会委員長の在任中に、津市・鈴鹿市が実施したアンケート調査と文部科学省実施の実態調査の結果には共通点が多かった。その共通点とは、「本部事業の目的は地域社会が学校を支援することであるが、結果として学校や児童生徒ばかりでなく、支援側の保護者やボランティア、コーディネーター、その他の地域住民にとっても、「循環型教育」としての効果があったことが判明した。

次に、本部事業における「循環型教育」の成果について考察する。

（1）学校教育における成果

①教職員同士の繋がりが強化されて意欲的に取り組み、意識改革が進んだ

②教育の充実・多様化、きめ細かな指導ができるようになった

③教員の地域社会・保護者への理解や信頼が深まった
④ボランティアの励ましにより児童生徒が意欲的に取り組むようになった
⑤児童生徒のコミュニケーション能力が身に付いた等
(2) 家庭教育における成果
①親子の会話が増えた
②親が自分の子どもを客観的にみるようになった
③家庭学習への意欲が向上し、家庭学習の時間が増えた
④地域の大人たちがロールモデルになり、社会規範やマナーを習得する機会が増え、子どもたちの視野が広くなり年長者への尊敬心も芽生えた
(3) 地域社会の社会教育における成果
①異業種・異世代の交流や循環型教育がスムーズになり、地域の教育力が向上した
②子どもの情報が入り、地域における学校教育への関心が高まった
③地域と学校の連携が強化され、地域ぐるみで子育て・人材育成の意識が芽生えた
④市民の学習意欲が向上し、教育・文化の継承に生きがいに感じる人が増えたこうした成果を全国へ拡げていくために、今後の課題を整理して改善していくことが重要である。

　以上から、「循環型教育」の有用性が顕著であることが判明したので、今後に向けて、成果のある事業を全国に普及し、拡めていくことが求められる。

第3節　本章のまとめ

　2006年と2008年には、教育基本法や学校教育法、社会教育法などの法令が改正された。その背景には、教育環境の変化と多くの教育課題に対応する必要性があった。改正のポイントとして①「生涯学習」に関する規定を新設し、②「教育の目的や目標」をはっきりさせたこと、③「学校、家庭、地域社会の連携」の強化を規定したことは特筆すべきことである。

　今後は、法令の改正点が広く理解されて、児童生徒及び若年者の課題解決のために活かされるように具体的な事例を実践していく必要がある。

（1）既存の地域密着型事業と連携

　地域にはすでに青少年問題を解決するための委員会や放課後の学童保育、居場所づくり等の事業が推進されているので、新事業が参入する場合には既存の事業も合わせて総合的に再点検し、組み直して実効力ある事業を行う必要がある。そのためには、本部事業に関わる構成メンバーは学際的な分野の人材を活用することが必要である。

（2）学校の主体性を保持しつつ行う協働

　学校側は「何を支援して欲しいのか」を明確に情報発信し、的確な支援を地域社会から得るために産学官連携による役割分担と責務を共通理解する必要がある。また、地域コーディネーターやボランティアは児童生徒、教員の支援者という意識で行動する必要がある。さらに、関係者間のスムーズな情報交換の工夫は今後の課題である。

（3）地域に根ざす社会教育施設等との連携

　社会教育施設等では中高年者や女性の利用者の割合が多く、活動分野は趣味や教養活動が多い。本事業は、次代を担う若い世代へ教育・文化を循環させる「循環型教育」（2002　宮崎）として継承し、「元気な地域・国づくり」への活性化を目指し、学校と住民の能力発揮の場・生きがいづくりの場・社会貢献の場にしていくことが、今後の課題である。

（4）地域コーディネーターやボランティアの資質向上とネットワークづくり

子どもたちと向き合う時は基本的人権の遵守、人間尊重の精神と公平性、そしてカウンセリングマインドをもって活動し、相手のプライバシーや秘密保持を厳守する。今後は十分な人数のコーディネーターを各校に配置する環境を整備することが今後の課題である。

（5）キャリア教育の充実・発展

将来の生き方を考え、「生きる力」を備えるためのキャリア教育に、人生の先輩たちの知恵や技術を注ぎ込む体制を地域で構築する。本事業を契機に、児童・生徒が人生の先輩たちからさまざまな学びを受け取り、卒業後の生き方に繋がっていけば大いに有用性がある。逆に、地域の大人たちが若者の考え方に触発される場合もあるので、学校・家庭・地域社会の連携を強化した「循環型教育」をさらに拡充することが今後の課題となる。

結論は次の通りである。
（1）学校支援地域本部事業は「あらゆる分野の支援が可能」という概念と「社会教育」が「学校・家庭教育」を支援するという概念に新規性がある。
（2）学校支援地域本部事業において、地域の大人と児童生徒の間で「循環型教育」が展開され、地域の人々にとっても、学校支援活動が生きがいとなることに有用性がある。
（3）学校と家庭、地域社会が連携することにより、地域社会の教育力が向上し、地域イノベーションに繋がる。

【引用文献】
1) 宮崎冴子（2011）.「学校・家庭・地域の協働による循環型教育」，日本生涯教育学会年報第32号，2011年版，『生涯学習推進に対する社会の要請にいかに応えるか』，pp.237-244.
2) 宮崎冴子（2009）.「地域社会における学校教育への支援」，日本生涯教育学会年報第30号，2009年版，『生涯学習研究30年-軌跡と展望-』，pp.145-152.
3) 文部科学省（2010）.「地域と共生する大学づくりのための全国縦断熟議（大学リレー熟議）」 http://www.mext.go.jp/a_menu/a004.htm
4) 文部科学省（2008）.「新しい時代を切り拓く生涯学習の振興方策について～知の循環型社会の構築を目指して～」（答申） http://www.mext.go.jp/b_menu/shingi/chukyo/chukyo0/toushin/1216131_1424.html2
5) 三重大学（2011）.「三重大学ピアサポーター制度」 http://www.mie-u.ac.jp/life/peer/license.html
6) 宮崎冴子（2002）.「生涯学習と学力－能力開発の視点から」日本生涯教育学会論集23号，2002年版，pp.93-100.
7) 経済産業省「地域イノベーション」 http://www.meti.go.jp/policy/local_economy/tiikiinnovation/
8) 宮崎冴子（2011）.『社会教育・生涯学習-学校と家庭、地域をつなぐために-』，文化書房博文社．pp.84-91.
9) 鈴鹿市教育委員会（2011）.『鈴鹿市教育振興基本計画 つなぎ つながる 鈴鹿の教育』，pp.4-8.pp.86-192.
10) 鈴鹿市教育委員会（2009）.『鈴鹿市教育委員会活動の点検・評価』，pp.42-46.
11) 宮崎冴子（2011）.『社会教育・生涯学習-学校と家庭，地域をつなぐために-』，文化書房博文社，pp.141-143.
12) 生涯学習審議会答申（2008）.「新しい時代を切り拓く生涯学習の振興方策について」．http://www.mext.go.jp/b_menu/shingi/chukyo/chukyo0/meibo/08080611.htm
13) 三重県教育委員会・三重県学校支援地域本部運営協議会（2011）.「平成22年度三重県学校支援地域本部事業のあゆみ」，pp.9-36.
14) 文部科学省（2010）.「平成22年度学校支援地域本部事業の実施状況調査報告」，pp.1-27.http://www.mext.go.jp/a_menu/01_l/08052911/1314507.htm

第4章　高等教育機関における「循環型教育」の実践

第1節　地域と共生する大学づくりのための全国縦断熟議「熟議2011 in 三重大学　対話と協働〜未来に向けて〜」

1.「熟議2011」の背景と目的

　2010年に、文部科学省が高等教育機関のあり方として「社会の［知］の拠点として、住民の生涯学習や多種多様な主体の活動を支えると同時に、地域や社会の課題を共に解決し、その活性化や新たな価値の創造への積極的な貢献が求められる[1]」と提唱し、「地域と共生する大学づくりのための全国縦断熟議（大学リレー熟議）[1]」を推奨したことが本章のテーマの背景にある。

　本章の目的は、学生のキャリア形成・能力開発のために、学校・家庭・地域社会の連携による「循環型教育」として大学の授業で「熟議」を実施し、その結果を検証し、「若年者の就業」に関わる課題解決に提言することである。

　2010年11月、文部科学省にて熟議懇談会を聴講した折、文部科学副大臣に「熟議を授業の教材にすること」を提案し、2011年〜2013年にかけて3年間に3回実施した。2011年4月14日から始まった三重大学共通教育の前期の授業『キャリア形成・能力開発』において学生が準備をし、同年7月16日（土）に「熟議」を開催した。

　実施体制は文部科学省・三重大学・三重県・三重県教育委員会の共催とし[2]、受講生には「熟議」の準備と運営に関する内容をシラバス[3]に明記して予告した。本番には企業、NPO、保護者、市民、内外の日本人学生・留学生等が参加した。三重大学のように学生が授業の一環として準備・運営した事例は他になく、「循環型教育」の視点から取り組んだ異業種異世代の人々が参加する「熟議」の事例はこれまでになく、新規性がある。（図4−1−1）

　「熟議」の用語は、「関ヶ原の戦いで自らの立つ位置の決定に際して、君臣、熟議すること三日」と、江戸時代末期の頼山陽の『日本外史』に記述されている[1]。文部科学省によれば、「熟議とは、多くの当事者による［熟慮］と［議論］を

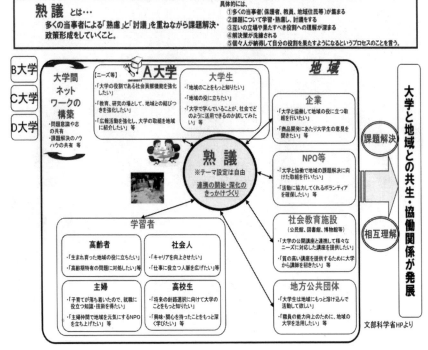

図4－1－1 「地域と共生する大学づくりのための全国縦断熟議」の概念図
(文部科学省作成)[1]

重ねながら政策を形成していくことで、具体的には①多くの当事者が集まって、②課題について学習・熟慮し、討議することにより、③互いの立場や果たすべき役割への理解が深まるとともに、④解決策が洗練され、⑤個々人が納得して自分の役割を果たすようになるプロセスのこと[2]という。

2．「熟議」を授業で扱うことの意義

変動する産業構造の中で、学生たちは将来の生き方や進路を決定するという課題を抱えている。入学したばかり4月に、新入生が「熟議」を授業で扱うことの意義は、何事にも当事者意識を持って自主的に課題解決に取り組む力を備

えることにある[2]。とりわけ、初年次科目の授業で扱うことは、4年間の大学生活の行方にも深く関わるからである。

具体的には、受講生は授業中にサブテーマの設定、広報、配布資料・タイムテーブルの作成等の準備をして、当日はファシリテーター、パソコン記録者、総合司会、受付、機材係等の仕事に責任を持って遂行した[2]。このような実践は自主的・能動的学習を旨とするキャリア教育の目的に合致しており、「熟議」を授業で扱う意義と有用性は大きい。

授業のシラバス（表4－1－1）通りに、目標を受講生による自主的・能動的なアクティブ・ラーニングの授業と定め、1週目からブレイン・ストーミングやバズセッション、KJ法、レポートの宿題とプレゼンテーションを繰り返し、プレ熟議やファシリテーター等の訓練を重ね、役割分担も学生が自主的に決めた。

しかし、大部分の1年生の前期は授業の空き時間が少ないので、授業時間内でこなす必要があった。そこで、1時限90分の授業を前半・後半に分けて「今日やるべきこと」を書き出して到達目標を共有した。熟議のまとめや発表時間にメリハリをつけて「声をかけ合おう」と呼びかけたら、「今やるべきことは何か」と仕事を探し出し、指示を待たずに動き出した。

また、副学長や事務方、県の担当者も授業中の教室に来て受講生と共にプレ熟議を行い、協力して頂いた[2]。図4－1－2には、「熟議2011 in 三重大学の期待される成果とその展開について[2]」の概念図を示す。当日の参加者は大学HPで公募、日頃の地域連携による人脈を活用した。（図4－1－2）

表4−1−1　2011年度『キャリア形成・能力開発』の授業のシラバス[3]

開講区分	2011年度共通教育・統合教育科目（選択）講義・演習　全学部・全学年
科目・単位	『キャリア形成・能力開発（Career Development）』2単位
開講時間	前期：木曜日5，6時限（13：00〜14：30）
担当教員	三重大学 学生総合支援センター特任教授 宮崎冴子（MIYAZAKI, Saeko）
授業の概要	全国小中高大学教員、官公庁・企業等管理職対象の実態調査を分析しながら、キャリア形成・能力開発に関する理論を学び、実行委員会を構成して準備し、フォーラムを主催する。具体的にはテーマ設定、配布資料の作成等を役割分担し、当日は総合司会、ファシリテーター、記録者等、運営全般を担う。
学習の目的	社会・産業構造が激変している今、「生き方や就業力」について考え、自力で能力開発をすることが重要である。本講座では企業人や教員、市民の方々と公開討論する熟議に学生が当事者として取り組むので、問題解決能力、コミュニケーション力、傾聴力、発信力が向上し、リーダーシップが醸成される。
学習の到達目標	学生同士の話し合いで役割分担をするので、自分で責任を持つと決めた仕事は「報告・連絡・相談」を徹底し、期限迄に完了する。また、公の場でのファシリテーションでは、参加者の気づきを支援することができるようになり、さわやかなビジネスマナーや規律の心得えも備わり、社会人への自覚が高まる。
特徴	自主的・能動的要素を加えた授業、産学官連携のキャリア教育の授業
テキスト	宮崎冴子著『キャリア形成・能力開発─「生きる力」をはぐくむために─』（株）文化書房博文社（2008）
学習内容	1）キャリアの定義、生涯発達とキャリア形成・能力開発、社会的・職業的自立 2）生涯学習と就業力、確かな学力と豊かな人間性 3）全国の小中高校教員による能力開発に関する実態調査の分析と考察 4）管理職が1・3・7年目の社員に期待する能力開発と就業力の分析と考察 5）大学生の能力開発に関する意識調査の分析と考察、グループワークの演習 6）〜8）「熟議」の目的と意義、「熟議2011 in 三重大学　対話と協働〜未来に向けて〜」の準備：組織づくり、テーマ設定、チラシ・配付資料の作成、広報、会場下見・レイアウト、搬出入の計画、受付名簿・名札作成 9）10）ファシリテーター、ファシリテーショングラフィック、マインドマップ、KJ法等、人前で上がらないで上手に話すコツ 11）12）「熟議2011 in 三重大学」の打ち合わせ、運営 13）振り返り（苦手な人でも簡単に書ける宮崎式作文の演習） 14）キャリア形成・能力開発の課題と展望、報告書作成 15）キャリア形成・能力開発に関するプレゼンテーション

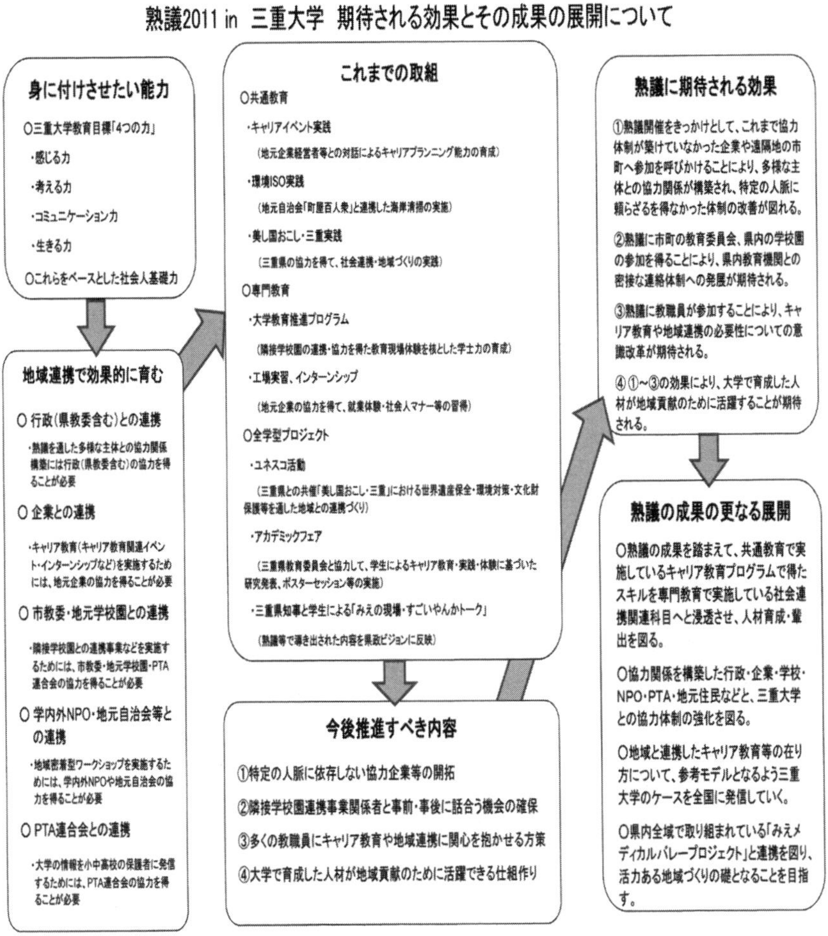

第4章　高等教育機関における「循環型教育」　　165

熟議2011 in 三重大学　期待される効果とその成果の展開について

身に付けさせたい能力
- 三重大学教育目標「4つの力」
  ・感じる力
  ・考える力
  ・コミュニケーション力
  ・生きる力
- これらをベースとした社会人基礎力

地域連携で効果的に育む
- 行政（県教委含む）との連携
  ・熟議を通した多様な主体との協力関係構築には行政（県教委含む）の協力を得ることが必要
- 企業との連携
  ・キャリア教育（キャリア教育関連イベント・インターンシップなど）を実施するためには、地元企業の協力を得ることが必要
- 市教委・地元学校園との連携
  ・隣接学校園との連携事業等を実施するためには、市教委・地元学校園・PTA連合会の協力を得ることが必要
- 学内外NPO・地元自治会等との連携
  ・地域密着型ワークショップを実施するためには、学内外NPOや地元自治会の協力を得ることが必要
- PTA連合会との連携
  ・大学の情報を小中高校の保護者に発信するためには、PTA連合会の協力を得ることが必要

これまでの取組
- 共通教育
  ・キャリアイベント実践
    （地元企業経営者等との対話によるキャリアプランニング能力の育成）
  ・環境ISO実践
    （地元自治会「町屋百人衆」と連携した海岸清掃の実施）
  ・美し国おこし・三重実践
    （三重県の協力を得て、社会連携・地域づくりの実践）
- 専門教育
  ・大学教育推進プログラム
    （隣接学校園の連携・協力を得た教育現場体験を核とした学士力の育成）
  ・工場実習、インターンシップ
    （地元企業の協力を得て、就業体験・社会人マナー等の習得）
- 全学型プロジェクト
  ・ユネスコ活動
    （三重県との共催「美し国おこし・三重」における世界遺産保全・環境対策・文化財保護等を通した地域との連携づくり）
  ・アカデミックフェア
    （三重県教育委員会と協力して、学生によるキャリア教育・実践・体験に基づいた研究発表、ポスターセッション等の実施）
  ・三重県知事と学生による「みえの現場・すごいやんかトーク」
    （熟議で導き出された内容を県政ビジョンに反映）

熟議に期待される効果
① 熟議開催をきっかけとして、これまで協力体制が築けていなかった企業や遠隔地の市町へ参加を呼びかけることにより、多様な主体との協力関係が構築され、特定の人脈に頼らざるを得なかった体制の改善が図れる。
② 熟議に市内の教育委員会、県内の学校園の参加を得ることにより、県内教育機関との密接な連絡体制への発展が期待される。
③ 熟議に教職員が参加することにより、キャリア教育や地域連携の必要性についての意識改革が期待される。
④ ①～③の効果により、大学で育成した人材が地域貢献のために活躍することが期待される。

熟議の成果の更なる展開
- 熟議の成果を踏まえ、共通教育で実施しているキャリア教育プログラムで得たスキルを専門教育で実施している社会連携関連科目へと浸透させ、人材育成・輩出を図る。
- 協力関係を構築した行政・企業・学校・NPO・PTA・地元住民などと、三重大学との協力体制の強化を図る。
- 地域と連携したキャリア教育等の在り方について、参考モデルとなるよう三重大学のケースを全国に発信していく。
- 県内全域で取り組まれている「みえメディカルバレープロジェクト」と連携を図り、活力ある地域づくりの礎となることを目指す。

今後推進すべき内容
① 特定の人脈に依存しない協力企業等の開拓
② 隣接学校園連携事業関係者と事前・事後に話合う機会の確保
③ 多くの教職員にキャリア教育や地域連携に関心を抱かせる方策
④ 大学で育成した人材が地域貢献のために活躍できる仕組作り

図4－1－2　「熟議2011 in 三重大学」の期待される成果とその展開について
（三重大学）[2]

3．第1回「熟議」における討論のサブテーマ

　メインテーマのみでは話題が拡散する可能性があるので、A．教育、B．就労、C．地域の3つのサブテーマ[2]を決定した。各班（9～10名）×13班の組み合わせは、参加申し込み時にA、B、Cの希望を聞いて、異業種異年齢の組み合わせになるように工夫した。

　ファシリテーターは学生と大人の2人体制とし、前半に課題を出して後半に

課題に関する提言を行い、最後に全体会で各班の「熟議」の成果を発表し合った。(図4－1－3～図4－1－5、表4－1－2、表4－1－3)

なお、参加登録者のメーリングリストを始動して「熟議」に関する情報を時々刻々送り、事前に理解した上で来場されるように努力した[2]。このような本番前の取り組みは他では見られないので、新規性があるといえる。

(1)「A．教育、B就労、C地域」のサブテーマ

A教育：「確かな学力」と「豊かな人間性」を備えるための学校における方策づくり（1～4班）

学齢期に「確かな学力と豊かな人間性」を備えることは重要であるが、現実には喫緊の課題が山積している。前半には当事者や社会が抱えている課題を自由に出しあう。たとえば、想定される課題「学習の発達障害や学力格差、生徒と教員・生徒同士の人間関係、授業改善、家庭の協力」等が具体的に出てきたら分野別に整理し、重要な課題3～5つを選ぶ[2]。

熟議後半では、「何をどのように改善すれば問題解決できるのか」について制度や仕組みづくり、新しいプロジェクト等を提言した。ファシリテーターは「その原因・理由は何か」と参加者の気づきを促すと議論が活発になる[2]。

なお、熟議中の本音の話し合いや知り得た個人情報は終了後に噂にしない等のルールを申し合わせた。

B就労：職場で求められる人になるために今すべきこと（5～9班）

現在、ニートとフリーター、早期離職者を合わせると約300万人の状況である。こうした課題をふまえて、前半で「職場で求められる人材とは？」「能力開発とは何か？」等について課題を自由に出し合う。たとえば、想定される課題「学卒者の就職率の低迷、ニートやフリーターの長期化、精神的・社会的自立の遅れ、不安定就労、技術不足、コミュニケーション能力の不足、経済格差等」が具体的に出てきたら、分野別に整理し、参加者がとくに重要と思う課題を3～5つを選び、熟議後半では「職場で求められる人になるために今なすべきことは何か」について提言した[2]。

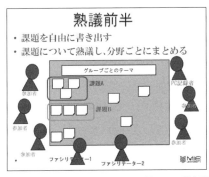
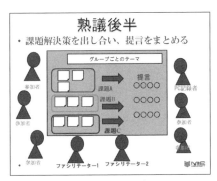

図4-1-3　第1回「熟議」のイメージ図（宮崎作成）[15]

C地域：地域の人々と絆を深めるために私たちができること（10～13班）

　近年、地方分権化や男女共同参画社会、超高齢社会等、めまぐるしい社会情勢の変化の中で、地域社会は多くの課題を抱えている。たとえば、想定される課題「地域教育力の弱体化、人間関の希薄化、商店街の空洞化、医療の疲弊、後継者不足、地域情報のPR不足等」が具体的に出てきたら分野別にグループ化し、参加者がとくに重要と思う課題を3～5つを選ぶ[3]。

　熟議後半では「地域でこどもや若者を支えるにはどうすればよいか、商店街の活気を取り戻すには？　地域の担い手を育成するにはどうすればいいか」等、前半に出た課題をふまえて、地域の人々と絆を深めるための私たちができることや方策を提言した[2]。

4．第1回「熟議」の進行とファシリテーターの役割

表4－1－2　ファシリテーターの役割と進行シナリオ[15]

「熟議2011 in 三重大学 対話と協働～未来に向けて～」
ファシリテーターの役割と進行

※2011年7月16日10：00から、三重大学三翠ホール（小ホール）で、ファシリテーターとパソコンPC記録者との打ち合わせを行います。ご参集下さいますようお願いいたします。
※実際の進行は各班のファシリテーターにお任せしますが、参考にしていただけたら有り難いです。

【熟議ファシリテーターの心構え】
　①結論を誘導せずに様々な考えを引き出しましょう
　②時間を守りましょう
　③皆に聞こえる声で話しましょう
　④多数決でなく、一人一人の意見を尊重しましょう
　⑤熟議4カ条を意識しよう（明るく元気に挨拶をする、お互いの話をよく聴く、簡潔明瞭に分かりやすく伝える、共感や感想、考えの変化があった際にはすぐに表明する）

【熟議のタイムラインとファシリテーターの進行】　　　　　　総合司会 学生実行委員長
13：00　開会（小ホール）
13：03　主催者あいさつ　　　三重大学 学長
13：10　文部科学省あいさつ　文部科学副大臣
13：25　三重県あいさつ　　　三重県 副知事
13：30　会場移動・グループワークの準備
13：40　熟議前半スタート（ホワイエ）
　　　　 自己紹介をする（1人1分）
　　　　　ファシリテーターはグループワークを進行し、熟議のまとめと時間管理を行う
　　　　 課題を出し合う（5分）
　　　　　A.教育、B.就労、C.地域に関する課題を1枚に1つずつ大きく1～2行で書く
　　　　 課題を共有化する（55分）
　　　　　1人ずつ課題を説明し、全員で議論して分野別に整理し、キーワードを書く
14：50　休憩（10分）
15：00　熟議後半スタート（ホワイエ）
　　　　 議論し、提言を出す（60分）
　　　　　全員で議論して3～5つの重要課題の提言を簡潔明瞭にまとめ書き出す。PC記録者はパワーポイント4枚にまとめる。時間内に終了するよう働きかける
16：00　（小ホールへ移動）
16：10　 全体発表会（50分）　　　　　　　　　　　　　　　　　司会 学生実行委員長
17：00　全体の講評　　　　　　　　　文部科学副大臣
17：10　今後の全国縦断熟議の展開　　文部科学省生涯学習政策局長
17：20　閉会のことば　　　　　　　　三重大学教育担当理事
17：25　全体終了　　　　　　　　　　学生実行委員長
17：30～19：00 終了後に記念撮影、意見交換会・交流会（第2食堂）

第4章　高等教育機関における「循環型教育」

表4－1－3　第1回「熟議」参加者の役割・業種別来場者・参加区分（所属等は一部省略）[15]

A. 教育：「確かな学力」と「豊かな人間性」を備えるための学校における方策づくり　36名

グループ1

	役割	所属等
1	ファシリテーター	三重大学工学部1年
2	ファシリテーター	三重大学副学長・センター長
3	パソコン記録者	三重大学教育学部1年
4	プレイヤー	三重大学非常勤講師
5	プレイヤー	三重大学人文学部1年
6	プレイヤー	滋賀県市教育委員会
7	プレイヤー	私立高等学校教諭
8	プレイヤー	三重県教育委員会
9	プレイヤー	山口大学事務局課長

グループ2

	役割	所属等
1	ファシリテーター	三重大学教育学部1年
2	ファシリテーター	三重大学特任講師
3	パソコン記録者	三重大学工学部1年
4	プレイヤー	三重県教育委員会
5	プレイヤー	株式会社
6	プレイヤー	三重大学客員教授
7	プレイヤー	松阪市教育委員会
8	プレイヤー	三重大学医学部教授
9	プレイヤー	三重大学工学部1年・留学生

グループ3

	役割	所属等
1	ファシリテーター	三重大学工学部1年
2	ファシリテーター	三重大学センター講師
3	パソコン記録者	三重大学工学部1年
4	プレイヤー	三重大学人文学部1年
5	プレイヤー	三重大学教育学部教授
6	プレイヤー	三重県生涯学習センター
7	プレイヤー	公立小学校教諭
8	プレイヤー	三重県立高等学校PTA会長
9	プレイヤー	文部科学省生涯学習政策局

グループ4

	役割	所属等
1	ファシリテーター	三重大学工学部1年
2	ファシリテーター	三重県教育委員会
3	パソコン記録者	三重大学工学部1年
4	プレイヤー	環境省中部環境オフィス
5	プレイヤー	三重大学人文学部2年
6	プレイヤー	三重大学センター助教
7	プレイヤー	三重県教育委員会
8	プレイヤー	文部科学省生涯学習政策局課長
9	プレイヤー	三重大学副学長・センター長

B. 就労：職場で求められる人になるために今すべきこと　45名

グループ5

	役割	所属等
1	ファシリテーター	三重大学人文学部3年
2	ファシリテーター	三重大学教授
3	パソコン記録者	三重大学工学部1年
4	プレイヤー	三重大学国際交流センター・留学生
5	プレイヤー	三重県農水商工部
6	プレイヤー	株式会社
7	プレイヤー	株式会社
8	プレイヤー	三重県政策部
9	プレイヤー	三重県立高等学校教諭

グループ6

	役割	所属等
1	ファシリテーター	三重大学工学部1年
2	ファシリテーター	三重大学企画総務部
3	パソコン記録者	三重大学人文学部1年
4	プレイヤー	三重大学工学部1年
5	プレイヤー	三重県教育委員会
6	プレイヤー	三重県立特別支援学校教諭
7	プレイヤー	株式会社代表取締役社長
8	プレイヤー	三重県生活・文化部
9	プレイヤー	株式会社
10	プレイヤー	三重大学人文学部4年

グループ7

	役割	所属等
1	ファシリテーター	三重大学人文学部1年
2	ファシリテーター	三重県政策部
3	パソコン記録者	三重大学生物資源学部1年
4	プレイヤー	株式会社
5	プレイヤー	三重県立高等学校教諭
6	プレイヤー	株式会社
7	プレイヤー	三重県生活・文化部
8	プレイヤー	三重県教育委員会
9	プレイヤー	三重大学人文学部3年

グループ8

	役割	所属等
1	ファシリテーター	三重大学工学部1年
2	ファシリテーター	美し国おこし・三重
3	パソコン記録者	三重大学医学部医学科1年
4	プレイヤー	三重県教育委員会
5	プレイヤー	株式会社
6	プレイヤー	三重大学職員
7	プレイヤー	市民
8	プレイヤー	生物資源学部3年
9	プレイヤー	株式会社

グループ9

	役割	所属等
1	ファシリテーター	三重大学医学部1年
2	ファシリテーター	三重県生活・文化部
3	パソコン記録者	三重大学工学部1年
4	プレイヤー	株式会社
5	プレイヤー	三重大学人文学部2年
6	プレイヤー	株式会社代表取締役社長
7	プレイヤー	三重県立高等学校教諭
8	プレイヤー	三重県教育委員会
9	プレイヤー	三重県労働福祉協会

C. 地域：地域の人々と絆を深めるために私たちができること　36名

グループ10

	役割	所属等
1	ファシリテーター	三重大学人文学部1年
2	ファシリテーター	三重大学副学長
3	パソコン記録者	三重大学生物資源学部1年
4	プレイヤー	市民
5	プレイヤー	三重大学教育学研究科修士課程1年・留学生
6	プレイヤー	市立幼稚園教諭
7	プレイヤー	株式会社
8	プレイヤー	文部科学省生涯学習政策局
9	プレイヤー	三重県教育委員会

グループ11

	役割	所属等
1	ファシリテーター	三重大学工学部1年
2	ファシリテーター	三重県政策部
3	パソコン記録者	三重大学人文学部2年
4	プレイヤー	三重大学人文学部4年
5	プレイヤー	株式会社
6	プレイヤー	三重県教育委員会
7	プレイヤー	NPO法人
8	プレイヤー	山口大学センター長
9	プレイヤー	三重大学生物資源学部1年
10	プレイヤー	三重大学生物資源学部3年

グループ12

	役割	所属等
1	ファシリテーター	三重大学教育学部2年
2	ファシリテーター	三重大学高等教育創造開発センター
3	パソコン記録者	三重大学人文学部1年
4	プレイヤー	三重県政策部
5	プレイヤー	三重県立特別支援学校
6	プレイヤー	京都薬科大学6年
7	プレイヤー	三重大学医学部1年
8	プレイヤー	株式会社
9	プレイヤー	市民

グループ13

	役割	所属等
1	ファシリテーター	三重大学工学部1年
2	ファシリテーター	美し国おこし・三重
3	パソコン記録者	三重大学生物資源学部1年
4	プレイヤー	株式会社
5	プレイヤー	三重県教育委員会
6	プレイヤー	三重大学人文学部4年
7	プレイヤー	三重大学職員
8	プレイヤー	文部科学省生涯学習政策局係長
9	プレイヤー	フリーアナウンサー

来場者・業種別来場者

業　種	来場者数
行政機関	15名
行政機関（教育）	18名
学校教員	10名
企業・自営業・NPO	29名
保護者・一般	5名
文部科学省	9名
大学生・院生	51名
大学教職員	22名
大学事務運営スタッフ	23名
場者合計	182名

参加区分

参加区分	来場者数
熟議参加者	119名
授業関係者・運営	5名
文部科学省・聴講	5名
聴講者	30名
大学事務運営スタッフ	23名
来場者合計	182名

「熟議」学生実行委員会

〈事前準備〉
実行委員長1人、副実行委員長2人、編集2人、会計2人、運営10人、交流会6人、ファシリテーター・リーダー1人、パソコン記録者リーダー1人、機材・用品担当8人
〈当日〉
実行委員長・総合司会1人、受付4人、機材担当1人、タイムキーパー2人、プレイヤー4人、ファシリテーター13人、パソコン記録者13人

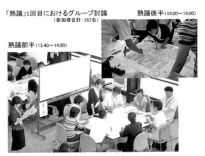

図4－1－4　三翠ホール（ホワイエ）における「熟議」[2)]

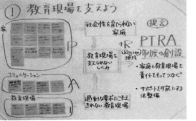
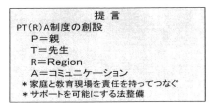

図4－1－5　全体発表会における1班の「テーマ・課題・提言」
（三翠ホール・小ホール）[2)]

5．第1回「熟議」参加者による評価

　当日、熟議した人119人、授業関係者・運営5人、聴講者35人、大学事務運営スタッフ23人、来場者の合計は182人、交流会出席者は102人であった。熟議参加119人のうち学外から学校教員、他大学の教職員、行政・公的機関、企業・自営業、NPO・NGO、保護者・一般の方等72人（60.5％）は、三重大学内の教職員・学生・院生の数47人（39.5％）を大きく上回った。また、文部科学省から副大臣、生涯学習政策局長方9人のうち4人が学生と共に熟議されたことは大きな励みになった。

（1）参加者によるアンケート調査の方法・内容

　受講生が授業中に作成したアンケート用紙（表4－1－5）を参加者に受付時に配布した。回答は全体会の折に記入してもらい、閉会時に回収した。回答者95人（有効回答率53.1％）の属性は表4－1－4の通りで、男性68人（71.6％）、女性27人（28.4％）である[17]。

表4－1－4　回答者の属性（95人中の割合）

年代	10代 4.2%	20代 24.2%	30代 10.5%	40代 26.3%	50代 29.5%	60代 0%	70代 5.3%
職業	大学生・院生 15.8%	教育関係者 31.6%	行政機関 17.9%	企業自営業 28.4%	NPO/NGO 0%	その他 5.3%	無回答 1.0%

（2）参加者によるアンケート調査の結果

　Q1で「熟議」全体の満足度を聞いたところ、「非常に満足」54人と「やや満足」30人を合わせると88.4の方が満足されたことがわかった。「ふつう」は6人、「やや不満足」は2人、「非常に不満足」0人、無記入3人である。自由記述では「異なる立場の人が同じ目標に向かって熟議すること」「学生の主体的な関わりがよい」「熟議までのプロセスが素晴らしい」

　「熟議そのものが学び」等、「学校・家庭・地域社会の連携」のよさを評価した意見・感想が多かった。一方で、少数であるが「討論の時間不足」の指摘があった[4]。

表4−1−5　第1回「熟議」の参加者向けのアンケート[4]

「熟議2011 in 三重大学」アンケート（2011.7.16）

本日はご参加下さり、有り難うございます、ぜひご感想をお聞かせ下さい。アンケートの情報は熟議の取り組み改善の参考とさせていただきます。

　　　　　　　　　　　三重大学共通教育「キャリア形成・能力開発」受講生一同

Q1.「熟議2011 in 三重大学」の全体についてお伺いします
　　（該当番号に○印を付けて下さい）

非常に満足	やや満足	ふつう	やや不満足	非常に不満足
1	2	3	4	5

Q2.　具体的なご意見・ご感想をお願いします。

　　[　　　　　　　　　　　　　　　　　　　　　　　　　]

＊あなたのことについてお伺いします。
・本日の「熟議」には、どのような立場・形態で参加されましたか？
　① 教育　　② 就労　　③ 地域　　④ 聴講　　⑤ 運営
２．あなたの性別は次のどちらですか。当てはまる番号に1つ○印をつけてください。
　① 男性　　② 女性
３．あなたの年代は次のどれにあたりますか。当てはまる番号に1つ○印をつけてください。
　① 10代　② 20代　③ 30代　④ 40代　⑤ 50代　⑥ 60代　⑦ 70代
４．あなたの業種についてお伺いします。当てはまる番号に1つ○印をつけてください。
　① 大学生・大学院生　② 教育関係　③ 行政・公的機関　④ 企業・自営業
　⑤ NPO/NGO関係者　⑥ その他（　　　　　　　）

　　　　　　　　　―ご協力ありがとうございました―

（3）まとめ

「熟議」では受講生が授業中に準備をし、表4−1−3の班別名簿・業種別・参加区分等で分かるように本番では異業種異年齢の参加者が議論した。

参加者による事後評価の自由記述において、「多様な立場、世代の人たちが集まって議論することは非常に有効」「多様な職種、学生の意見が聞けて参考になった」「学生と社会人が同じ目標に向かって話し合えることが面白かった」「さまざまな職種・年齢・立場の人が集い熟議できた」「熟議までのプロセスが素晴らしい」「熟議そのものが学び」[5] 等の意見・感想が多く、筆者が提唱する「学びが相互に循環する循環型教育」の成果が顕著であり、「学校・家庭・地域社会の連携による循環型教育」の有用性といえる。

また、「討論の時間不足」については、朝10時から「ファシリテーターとパ

ソコン記録者との打ち合わせ」をし、夕方5時半までは長丁場である。その中で、「熟議」にもっと時間をかけたい思いはするが、長ければよいというものではないと考えている。その理由は、他大学の「熟議」を見学した際に、時間が長すぎて参加者の集中力が途切れてしまい、社会人の長い話に学生が聞き役にまわっている例もあったので、考慮の上で設定した時間配分である[4]。ゆえに、時間の配分は今後の課題としたい。

6．「熟議」を教材とした授業『キャリア形成・能力開発』の評価
（1）学生による授業評価の調査の目的と方法

三重大学では最終週に「授業改善のための学生による授業評価」を全科目で実施し、検証している。第1回「熟議」を教材とした授業『キャリア形成・能力開発』においても、最終週の出席者（31名＝1年生28人＋2年生1人＋3年生1人＋4年生1人）による「授業評価」を実施して直接集計機関に送った[17]。この授業は共通教育科目（受講生の累計18,766人）で、主題Ⅰ「生きる力とキャリア教育」の科目群（累計1,720人）の一科目である。（表4－1－6）なお、アンケート調査「学びの振り返りシート[5]」に関する担当部署は三重大学高等教育創造開発センターである。（表4－1－7）

表4－1－6　三重大学共通教育科目の関係図（2011年度前期）[4]

```
三重大学2011年度前期：共通教育科目Ⅰ～Ⅴの受講生の累計＝18,776人
Ⅰ．共通教育総合教育科目
  主題A「社会のしくみ」          主題B「感性を磨く言語と芸術」
  主題C「情報化社会と数理科学」    主題D「自然は生きている」
  主題E「国際理解と異文化理解」    主題F「心と体を見つめなおす」
  主題G「環境と接続発展教育」      主題H「英語等による国際教育科目」
  主題Ⅰ「生きる力とキャリア形成」

      主題Ⅰ「[生きる力]とキャリア形成」の受講生の累計＝1720人
  ┌─────────────────────────────────────────┐
  │『キャリア形成・能力開発』＝31人、『キャリアプランニング』『こころのサポート』│
  │『就とキャリア形成』『キャリアインターンシップ』『アントレプレナー論』等    │
  └─────────────────────────────────────────┘

Ⅱ．外国語教育科目
Ⅲ．保健体育教育科目
Ⅳ．基礎教育科目
```

第4章　高等教育機関における「循環型教育」　175

表4－1－7　授業改善のためのアンケート（2011年度前期）[6]

学びの振り返りシート

学生IDはあなたの学習の履歴を形成していくために用いるものであり、授業担当教員には匿名となります。したがいまして、授業担当教員は回答に基づいて学生個人に対して何らの働きかけもできません。この調査の目的は、学生が自らの学びを振り返り改善できるように、学びの履歴を提供すること、そして大学が教育を改善するための情報を得ることです。
　以下の設問には、すべて、**授業だけではなく、授業外学習も含めて**、回答してください。
※大学の単位制度：
　　講義の場合、1回あたり90分の授業と4時間の授業外学習を必要とする内容に対して、2単位が配当されています。

I．管理項目
① 授業コード（教員・TA等による指示に従ってください）
② 学部等指定管理項目（教員・TA等による指示に従ってください）
③ 学籍番号（学生ID）

II．あなたの学びに関する項目
下の項目について、あてはまると思う数字を選び、別紙マークシート用紙にマークしてください。

	あてはまらない	あまりはまらない	どちらともいえない	ややあてはまる	あてはまる
1　総合的に判断して、この授業に満足できた。	1	2	3	4	5
2　授業内外の学習に取り組むために、シラバスを活用した。	1	2	3	4	5
3　この授業の内容について理解できた。	1	2	3	4	5
4　新しい知識・考え方・技術などが獲得できた。	1	2	3	4	5
5　授業の受講によって、学業への興味・関心（意欲）が高まった。	1	2	3	4	5
6　この授業で学んだことや考え方について、意識するようにしたり実際に試してみたりした。	1	2	3	4	5
7　学びを深めるために、調べたり尋ねたりした。	1	2	3	4	5

	選択肢1	選択肢2	選択肢3	選択肢4	選択肢5
8　授業1回当たりの授業外学習（予習・復習・課題や試験のための学習・関連する読書や活動など）は何時間でしたか。 1. 30分未満　2. 30分～1時間未満　3. 1時間～2時間未満　4. 2時間～4時間未満　5. 4時間以上	1	2	3	4	5
9　この授業を何回欠席しましたか。 1. 0回　2. 1回　3. 2回　4. 3～4回　5. 5回以上	1	2	3	4	5

III．4つの力に関する項目①
下の項目についてあてはまると思う数字を選び、別紙マークシート用紙にマークしてください。（4つの力は授業外学習も含め、大学生としての活動のすべてを通して身につけるものです。さらに、各授業においても、4つの力の重点度には軽重があります。その意味で、いくつかが「成長しなかった」でも結構ですので、4つの力のすべてに回答してください。）

	全く成長しなかった	わずかながら成長した	少し成長した	ある程度成長した	かなり成長した
10　この授業を通して、「感じる力」が成長したと思う	0	1	2	3	4
11　この授業を通して、「考える力」が成長したと思う	0	1	2	3	4
12　この授業を通して、「コミュニケーション力」が成長したと思う	0	1	2	3	4
13　この授業を通して、「生きる力」が成長したと思う	0	1	2	3	4

IV．4つの力に関する項目②
下に示す「4つの力の構成要素」の観点について、この授業を通して成長したと思えるものを選び、別紙マークシート用紙におけるその番号のマーク欄をマークしてください。いくつ選んでもかまいません。

感じる力
　14. 感性　15. 共感　16. 倫理観　17. モチベーション　18. 主体的学習力　19. 心身の健康に対する意識

考える力
　20. 幅広い教養　21. 専門知識・技術　22. 論理的思考力　23. 批判的思考力　24. 課題探求力　25. 問題解決力

コミュニケーション力
　26. 情報受発信力　27. 討論・対話力　28. 指導力・協調性　29. 社会人としての態度　30. 実践外国語力

（2）学生による授業評価の結果

アンケート調査による授業の5段階評価の結果は表4-1-8の通りである。「熟議」を教材とした授業『キャリア形成・能力開発』の特色を明らかにするために、2011年度前期の三重大学共通教育科目主題Ⅰ「生きる力とキャリア形成」科目群の受講生累計1720人（『キャリア形成・能力開発』の31人を含む）の平均値と、共通教育総合教育科目群主題㊑の受講生18,776人の平均値と比較検討した。

①あなたの学びに関する項目（Q1～Q7）

授業『キャリア形成・能力開発』の結果をみると、「総合的に判断してこの授業に満足」が5段階（中点は3点）のうち平均値4.61でもっとも高く、次いで「新しい知識・考え方・技術などが獲得できた」平均値4.55、「受講で学業への興味・関心（意欲）が高まった」「授業で学んだことや考え方について、意識するようにしたり実際に試したりした」が平均値4.45[5]とつづく。そして、主題Ⅰ「生きる力とキャリア形成」の平均値や共通教育科目全体の平均値と比べると、いずれも高い平均値を示しており、授業『キャリア形成・能力開発』において「熟議」を教材としたことの有用性が明らかになった。（表4-1-8）

表4-1-8　授業『キャリア形成・能力開発』「あなたの学びに関する項目」（Q1～Q7）[7]

	キャリア形成・能力開発 31人中		主題Ⅰ 1,720人中		共通教育 18,776人中	
	平均値	標準偏差	平均値	標準偏差	平均値	標準偏差
1．総合的に判断して、この授業に満足できた	4.61	0.76	3.82	0.95	3.88	0.97
2．授業内外の学習に取り組むためにシラバスを活用した	3.26	1.21	2.45	1.18	2.49	1.20
3．この授業の内容について理解できた	4.39	0.67	3.83	0.86	3.75	0.89
4．新しい知識・考え方・技術などが獲得できた	4.55	0.81	3.99	0.84	3.88	0.90

5．この授業の受講によって学業への興味・関心（意欲）が高まった	4.45	0.85	3.61	0.99	3.64	0.97
6．この授業で学んだことや考え方について意識するようにしたり実際に試してみた	4.45	0.77	3.61	0.99	3.25	1.08
7．学びを深めるために、調べたり尋ねたりした	4.29	0.86	3.46	1.15	3.06	1.15

資料：2011年度前期「学びの振り返りシート」　集計表：三重大学高等教育創造開発センター

②「4つの力」に関する項目②（Q10～Q13）

　三重大学は「感じる力」「考える力」「コミュニケーション力」と、それら3つを合わせた力を「生きる力」として「4つの力」の育成を教育の重点目標として取り組んでいる。「4つの力」の概念図[7]は、図4－1－6の通りである。

　2011年度前期の授業『キャリア形成・能力開発』において「4つの力に関する項目①」（Q10～13Q）の成長度を「かなり成長した」4点、「ある程度成

図4－1－6　三重大学の教育重点目標「4つの力」（三重大学作成）[20]

長した」3点、「少し成長した」2点、「わずかながら成長した」1点、「全く成長しなかった」0点として、学生による評価の平均値（得点範囲の中点は2点）[4)]を算出した。そして、授業『キャリア形成・能力開発』の評価を客観的に検証するために、主題Ⅰ「生きる力とキャリア形成」と共通教育科目全体の平均値と比較した。その結果、授業『キャリア形成・能力開発』は「感じる力・考える力・コミュニケーション力・生きる力」（図4－1－6）のいずれについても「成長した」と評価する値が顕著であった。（表4－1－9）

「4つの力」に関する項目②」（Q14～Q30）[7)]については、各項目で選択した人数と選択率を見ると、授業『キャリア形成・能力開発』で60％以上の選択率の項目は「感じる力：感性、共感、モチベーション」「考える力：課題探求力、課題解決力」「コミュニケーション力：対話・討論力、社会人としての態度、情報発信力、指導力・協調性」で、主題Ⅰ「生きる力とキャリア形成」や共通教育総合教育科目の平均と比較すると、いずれも高い選択率である。（表4－1－10）

表4－1－9 「4つの力に関する項目①」（Q10～Q13）（中点は2点）[7)]

	キャリア形成・能力開発 31人		主題Ⅰ 1,720人中		共通教育 18,776人中	
	平均値	標準偏差	平均値	標準偏差	平均値	標準偏差
10 この授業を通して「感じる力」が成長したと思う。	3.10	0.79	3.11	1.08	2.07	1.13
11 この授業を通して「考える力」が成長したと思う。	3.26	0.82	3.24	1.11	2.42	1.08
12 この授業を通して「コミュニケーション力」が成長したと思う。	3.45	0.81	3.30	1.26	1.95	1.28
13 この授業を通して「生きる力」が成長したと思う。	3.42	0.72	3.06	1.11	2.07	1.15

資料：2011年度前期「学びの振り返りシート」 集計表：三重大学高等教育創造開発センター

第4章　高等教育機関における「循環型教育」　　179

表4－1－10　「4つの力に関する項目②」(Q14〜Q30)[7]

	キャリア形成・能力開発 31人中		主題Ⅰ 1,720人中		共通教育 18,776人中	
	選択者数	選択率	選択者数	選択率	選択者数	選択率
14感性	21	68%	941	55%	5,571	30%
15共感	19	61%	1,008	59%	3,490	19%
16倫理観	11	35%	452	26%	3,155	17%
17モチベーション	20	65%	763	44%	5,356	29%
18主体的学習力	16	52%	574	33%	6,379	34%
19心身の健康に対する意識	5	16%	157	9%	2,205	12%
20幅広い教養	14	45%	599	35%	8,062	43%
21専門知識・技術	7	23%	251	15%	6,972	37%
22論理的思考力	15	48%	712	41%	4,030	21%
23批判的思考力	15	48%	858	50%	2,810	15%
24課題探求力	21	68%	853	50%	3,530	19%
25問題解決力	20	65%	755	44%	3,492	19%
26情報受発信力	20	65%	901	52%	4,102	22%
27討論・対話力	26	84%	1,057	61%	4,041	22%
28指導力・協調性	20	65%	725	42%	3,013	16%
29社会人としての態度	22	71%	847	49%	3,833	20%
30実践外国語力	3	10%	42	2%	4,308	23%

資料：2011年度前期「学びの振り返りシート」　集計表：三重大学高等教育創造開発センター

（3）第1回「熟議」の結果に関する考察

　アンケート調査の結果から見ると、「熟議」を教材とした授業『キャリア形成・能力開発』は「授業内外の学習に取り組むために、シラバスを活用した」の項目は平均値3.26であるが、その項目以外は4.29点（中点は2点）以上[4]を示しており、授業に対する満足度が高く、有用性が顕著である。

　また、「4つの力」に関する項目①②を見ると、授業『キャリア形成・能力開発』の平均値は全ての項目で3.10以上（中点は2点）を示しており、主題Ⅰ「生きる力とキャリア形成」や共通教育総合教育科目の平均値と比較すると、断然高い状況である。表4－1－10をみると、「感性、共感、モチベーション、課題探求力、課題解決力、対話・討論力、社会人としての態度、情報発信力、指導力・協調性」の選択率が高く、授業『キャリア形成・能力開発』が

学生の能力開発に貢献し、有用性があったといえる。

　その理由は、①教員が学生一人ひとりを主体的な協働者としている、②授業中に情報の透明化を図っている、③意図的に繰り返して討論等を重ねて訓練をしたこと等である。そして、授業方法の工夫で学生間にチームワークが構築され、着実に傾聴力、発信力、問題解決能力、コミュニケーション力、リーダーシップ等が培われたからと捉えている。

　現実には初年次教育の前期開講は入学早々の４月であり、受講生同士は初対面である。しかも、講義式ではなく、学生自らが動かないと成り立たない実習のアクティブラーニングである。たしかに、イベント実践では準備途中で行き詰まる場面もあったが、チームワークが構築されて目的を共有し始めると打開策を見つけて問題解決ができるようになった。

　その理由は、授業中に先輩と後輩、同級生、学部間で「循環型教育」が行われたからである。つまり、学生同士が充分に討論し合い、決めたらすぐに動くという行動パターンをつくり、スピードアップさせ、教員や学生同士の声かけによるモチベーションの相乗効果で底力を発揮できた。いわゆる、受講生たちは「循環型教育」の有用性により、"意識を変え、行動を変えた"と筆者は捉えている。さらに授業中には、三重県、三重県教育委員会、副学長、事務室の方々も教室に来られ、一緒に話し合えたことも意義深いことであった。

　熟議本番では、受講生たちは企業や学校、行政、NPO等の方々と議論を重ねる過程で学びを深め、授業の時よりもっと多種多様な考え、時には反対の意見にも直接触れることができたので、その学習効果は大きかった。

　ゆえに、「熟議」を授業で扱うことの意義は大きく、教材として充分に成り立ち、本学が目指す教育の重点目標「感じる力・考える力・コミュニケーション力・生きる力」の「４つの力」を開発することができた。その理由は、「循環型教育」の有用性が随所で展開されたからと捉えている。（表４－１－９、表４－１－10）

第2節　大学教育改革地域フォーラム 2012 in 三重大学 「いま、変える 大学の学び」

1．「大学教育改革地域フォーラム2012」の背景と目的

　2012年3月の中央教育審議会大学分科会大学教育部会（審議まとめ）「予測困難な時代において生涯学び続け、主体的に考える力を育成する大学へ」[21] では、「予測困難な今の時代に生きる若者や学生が生涯学び続け、どんな環境でも［答えのない問題］に最善策を導くことができる能力[8]を育成し、知的な基礎に裏付けられた技術や技能を身に付けることができる大学へ、そのためには、学生が主体的な学びを深めるとともに、学生同士が切磋琢磨し、相互に刺激を与え合いながら知的に成長することができるよう、学生の思考力や表現力を引き出し、その知性を鍛える双方向の課題解決型の能動的な授業を中心とした質の高い学士課程教育へと質的に転換[8]」と、大学教育に期待している。

　こうした背景を受けて、「大学教育改革地域フォーラム2012」を実施する目的は、「大学は誰のものか」「大学の学びとは何か」と、「大学教育」の原点に立ち戻って熟議して政策提言をすることである[9]。そして、「学生同士が切磋琢磨し、支え合いながらキャリア形成・能力開発することの方策として、高等教育機関における循環型教育としての熟議」について実践し、その成果を検証することである。

　2012年度三重大学シラバス[10] で予告したが、実際には学生が何週間もかけて話し合った上で「熟議」を行うことを決定した。受講生は12人（1年生10人、2年生1人、4年生1人）で、他に単位不要ながら手伝いを申し出た第1回「熟議」経験者の2年生1人、自主参加の4年生1人が加わった[9]。

　授業では1週目から「三重大学ってこんなところ！」のテーマでブレイン・ストーミングを行い、KJ法等を繰り返し、課題のレポート提出も繰り返して課した。6週目の5月24日には改めて自己紹介を行い、希望する役割を自己申告して決定した[9]。

　6週目には外部講師の講演、10週目に副学長や企業人4人も授業に参加さ

れて「プレ熟議」を行った。実施体制は、学生と教職員・行政・企業等のメンバーで構成した実行委員会主催、文部科学省後援としたが、実際は受講生がすべて授業中に準備した[9]。

2．第2回「熟議」における討論のサブテーマ

メインテーマ「いま、変える　大学の学び」は受講生が80個の候補名の中から決定した。5つのサブテーマは次の通りである。

（1）教育方法・授業内容の改善

文部科学省は、「確かな学力とは、知識や技能とともに思考力、判断力、問題解決能力、学ぶ意欲も含めた実際生活に役立つ総合的な学力」としている。ここではテーマに関する課題を自由に出し合い、「課題の原因・理由」について話し合う。

（2）学修支援の改善

大学教育ではさまざまな活動が複合的に展開されている。学生が主体的に学ぶ時に感じた不便さや、どのような支援が欲しかったか等の体験を踏まえて、当事者としての視点から考え、望ましい取り組みやプロジェクトを提案する。

（3）教員の教育力の向上

従来の大学は個々の教員の力量や考えにより授業が組み立てられてきたが、学生のキャリア形成・能力開発の目的達成のために教員が為すべき工夫の内容は何か等を提言する。

（4）実質的な学修時間の確保

大学教育では授業の事前準備や事後の展開に要する時間を含めた学修時間を十分に確保することが重要である。授業以外の学修時間も確保し、実行することは大きな課題である。具体的な取り組み、教員側の工夫、学生側の工夫等、多角的な視点から提言する。

（5）大学入試の改善

初等・中等教育の学習や体験を通じて育まれる能力は、大学教育の基礎として重要である。2008年の答申「学士課程教育の構築に向けて」では、「知識・

第4章　高等教育機関における「循環型教育」

図4－2－1　第2回「熟議」の様子（三重大学環境・情報科学館）[9]

理解」は文化、社会、自然等に関する知識の理解等、「汎用的能力」はコミュニケーションスキル、数量的スキル、問題解決能力等、「態度・志向性」は自己管理能力、チームワーク、倫理観、社会的責任等、「総合的な学修体験と創造的思考力」は、獲得した知識・技能・態度等を総合的に活用し、課題解決する力という。多様化した大学入試の「入学前後のギャップ、学部学科とのマッチング、入学後のモチベーションの低下等」について、入試方法の改善について提言した。[9]（図4－2－1、図4－2－2）

3．第2回「熟議」の概要とタイムライン

　第2回「熟議」の概要とタイムラインは表4－2－1の通りである。一回目の「熟議」からの変更点は、大講堂で行う200人規模のやり方ではなく、小規模の教室を使用して一班毎の人数も減らして6人にした点である。聴講者も一回目のように募集しないこととした。その理由は受講生が少ないということもあるが、少人数でじっくりと熟議をするためには6人くらいが、適当な人数であると考えたからである。（表4－2－1）

表4-2-1 「熟議」の概要とタイムライン[9]

```
日時：2012年7月21日（土）13：00～17：00
会場：国立大学法人三重大学 環境・情報科学館（メープル館）3階PBL演習室3・4
テーマ：大学教育改革地域フォーラム2012 in 三重大学～いま、変える大学の学び～
対象：学生、教職員、企業、行政、NPO、保護者、市民の方
参加者：60名（参加費無料・要予約・先着順）
主催：国立大学法人三重大学 大学教育改革地域フォーラム実行委員会
後援：文部科学省、三重県、三重県教育委員会、三重キャリア研究会

〈当日のタイムライン〉                              総合司会　学生実行委員長
13：00～13：05  主催者挨拶 三重大学 内田淳正学長
13：05～13：20  「今、問われる『大学での学び』」映像上映 文部科学省
13：20～13：28  「大学教育部会審議まとめ」概要説明 文部科学省
               文部科学省高等教育局大学振興課大学改革推進室長　松坂浩史
13：28～13：30  「熟議」の概要説明
               三重大学 大学教育改革地域フォーラム実行委員会委員長　宮崎冴子
13：30～14：00  熟議1：グループワーク〈6名×10班〉（自己紹介、課題の収集）
14：00～15：00  熟議2：グループワーク（課題説明、重要課題選択、解決策の提言）
15：00～15：10        （休　憩）
15：10～16：00  熟議3：グループワーク（提言のまとめ、全体発表の準備）
16：00～16：55  全体発表（10班×3分）、アンケート記入、中教審への報告について
               全体討議
16：55～17：00  閉会挨拶、全員で記念撮影
17：30～19：00  意見交換会・交流会（レストラン ぱせお）
```

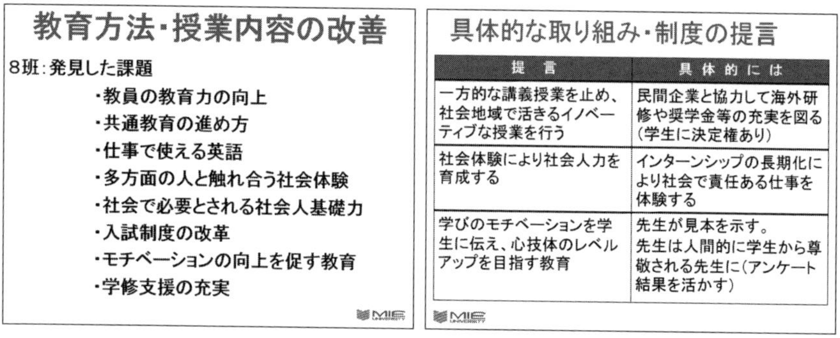

教育方法・授業内容の改善

8班：発見した課題
- 教員の教育力の向上
- 共通教育の進め方
- 仕事で使える英語
- 多方面の人と触れ合う社会体験
- 社会で必要とされる社会人基礎力
- 入試制度の改革
- モチベーションの向上を促す教育
- 学修支援の充実

具体的な取り組み・制度の提言

提言	具体的には
一方的な講義授業を止め、社会地域で活きるイノベーティブな授業を行う	民間企業と協力して海外研修や奨学金等の充実を図る（学生に決定権あり）
社会体験により社会人力を育成する	インターンシップの長期化により社会で責任ある仕事を体験する
学びのモチベーションを学生に伝え、心技体のレベルアップを目指す教育	先生が見本を示す。先生は人間的に学生から尊敬される先生に（アンケート結果を活かす）

図4-2-2　全体発表会における8班の「テーマ・課題・提言」[9]

4.「熟議のまとめ」による提言

　熟議の結果を筆者が「熟議のまとめ」として文章化し、中央教育審議会大学分科会大学教育部会（2012年8月9日）へ提言書として、若者雇用戦略推進協議会（2012年11月6日）へ委員資料として提出した[22]。（表4-2-2）

第4章 高等教育機関における「循環型教育」 185

表4-2-2 第2回「熟議」のまとめ[9]

2012年7月31日
大学教育改革地域フォーラム2012 in 三重大学〜いま、変える 大学の学び〜
熟議のまとめ
三重大学 大学教育改革地域フォーラム実行委員会

はじめに
　近年、若者の精神的・社会的自立の遅れや社会人基礎力の欠如、合わせて約300万人の早期離職者やフリーター、ニートの増加と長期化等が社会問題となっている。これまでの若年労働者の人材育成は企業内教育に依拠するところが大きかったが、科学技術・国際化・情報化の進展、産業・社会構造の急激な変化で状況が大きく変化し、大学教育改革への期待が高まっている。この「熟議のまとめ」は、中央教育審議会大学分科会大学教育部会（審議まとめ）「予測困難な時代において生涯学び続け、主体的に考える力を育成する大学へ」（2012年3月26日）を受けて、本学共通教育『キャリア形成・能力開発』の受講生が教職員・行政・企業・市民の方と実行委員会を構成し、熟議形式で実施した「大学教育改革地域フォーラム2012 in 三重大学〜いま、変える 大学の学び〜」（2012年7月21日）における結果を基にまとめたものである。「熟議」では60名（学生・院生21名、大学教職員17名、企業12名、行政6名、学校教員3名、市民1名）が10班に分かれて、（1）教育方法・授業内容の改善、（2）教員の教育力の向上、（3）学修支援の改善、（4）実質的な学修時間の確保、（5）大学入試の改善」の5つのサブテーマにてKJ法で意見を出しあい、班ごとにまとめて発表した。PC入力記録の分量は、（1）のテーマが70%、（2）が20%、（3）（4）（5）を合わせて10%の割合であった。

（1）教育方法・授業内容の改善
【提言1：「能動的に、主体的に学ぶ授業」へと再編成する】
　文部科学省は「確かな学力とは、知識や技能とともに思考力、判断力、問題解決能力、学ぶ意欲も含めた実際生活に役立つ総合的な学力」と定義している。熟議では「一斉授業を減らし、参加型の実践的な授業がほしい」「一方通行の座学で学修意欲をかき立てる内容になっていない」等の声が寄せられた。共通教育は単位数が多く、学生は「単位のために」、教員側は「とりあえず出席してテストを受ければ」という意識になりがちである。また、学生の授業中の姿勢が受動的で、改革する意欲がなくても進級してしまうので、学びへの危機感が不足している。しかし、大方の学生は能動的・主体的な学修をしたいと考えている。
　ここでの課題は「学生の自己肯定感やモチベーションを高める教育方法」「自主的に考える力をはぐくむ授業内容」「学んだ内容の見える化」「実践力が身に付き、学ぶ目的や楽しさがわかる授業」等で、目指す方向は「受動的学習から能動的学習へ」「一方向から双方向へ」「社会で活きるイノベーティブな授業へ」と転換する仕組みづくりである。具体策は、学生自ら問題提起をして意見を伝えるプレゼンテーションや討論、役割分担をしながら企画立案・運営するイベント、ロールプレイング等、多様な体験により「社会人力」を育成する
　機会を意図的に増やすために共通教育のカリキュラム再編成を提言する。
【提言2：キャリア教育を必修化する】
　大学・学部選びは成績・偏差値重視の進路指導による場合が多いので、入学後に「これでよかったのか」と進む方向を見失う学生も存在する。このことから、入学時の履修ガイダンスは教員や上級生を動員して動機づけを丁寧に行う必要がある。また、学部によっては共通教育の必修科目が多くて単位取得に精一杯で、「学問の本質的な意義」「将来の生き方」「学修内容をどのように取り込み、体系化し、活用するか」等を考える機会がなく、「社会における役割や働くことの意義」を十分に認識せずに卒業してしまう。

そこで、早急に「主体的に学び、将来の生き方を考え、進路決定できるように、[人間力]を蓄えるための授業」を準備し、入学直後に「受け身から主体者へ」と発想転換することが重要である。関連して「ものの見方・考え方」「社会的・経済的自立」「基本的生活習慣、倫理観、生命観、道徳観」「分業により社会が形成されていること」「自分や他者の命を大切にする」等も欠くことのできない事項なので、初年次教育におけるキャリア教育の必修化を提言する。インターンシップについては、従来は3、4年生がおもな対象者であったが、期間を長期化し、低学年も積極的にインターンシップに参加することを推奨すべきである。また、学生を指導する教員の企業インターシップの実施を提言する。さらに、大学入学後に、学生が「ほんとうにやりたいこと」を見つけたり、入学後に自分の向き不向きを見極めて路線変更を希望する場合における望ましい編入ルールの整備について提言する。

【提言3：少人数授業の拡充と、TA・SA制度を整備する】

学生自らが問題発見・問題解決する授業として、PBLセミナー（Problem Based Learning＝問題解決型授業）のような少人数授業の拡充を提言する。チュートリアルでは履修した授業内容を復習し、発展させてディスカッションやプレゼンテーションする等、学んだことをすぐに試せる環境を整備し、アウトプット力や応用的思考力等の開発をする。また、授業に関するTA（ティーチングアシスタント）、SA（スチューデントアシスタント）等を増員し、先輩が後輩の授業を支援する仕組みづくりを提言する。

これは「大学が学びの場であると同時に働く場」としての機能を持つことになる。そして、少人数授業の拡充で懸念される教員確保には、実務者による契約教員の採用を推進することを提言する。

【提言4：シームレス化・連携の強化で学びを深める】

学内では初年次キャリア教育にて「自己分析（自分探し）」「自分みがき」を学ぶが、共通教育と専門教育を系統的・有機的に連結し、シームレス化すると学びがさらに深まる。ゆえに、上級生になってからも共通教育を履修し、一部は卒業単位（専門科目・選択）に認定する仕組みを提言する。学生は「もっと他学部の授業を受けやすくして欲しい、学びとは、一つの学科レベルに制限できるものではない」と望んでいる。

大学内のシームレス化には全学の学生・教職員によるディスカッション、役割分担して運営するイベントの開催等が有効であり、成果として学生の学びが深まり、総合力が身につく。

また、大学と地域社会とのシームレス化・連携には、授業に企業人等の講義を組み込んだり、大学のサテライトオフィスや公共施設等で学んだ成果を学生が地域の小中高生や高齢者に話す機会をつくる。学生は他の人に説明することで理解が飛躍的に深まり、学ぶことの動機づけにフィードバックできる。小中高生には年齢の近い学生と接する好機となり、勉学の意欲や将来の進路への動機づけとなり、地域活性化の原動力になる。高齢者は文化や知恵を伝えることができる。生涯学習社会における大学は「文化や学習、教育資源、健康づくり・スポーツ・レクリエーション活動の拠点」としてコミュニティカレッジの機能を持つことが求められる。学生がボランティアやインターンシップ等で参加すれば学びが深まり、将来の職業選択にも幅が出るのでシームレス化・連携の強化を提言する。また、地域社会のアイデンティティ形成を重視した教育の拡充を提言する。たとえば「三重大学の知的財産」「三重学」「三重の企業学」のような講座、学生・教員のアイディアや研究成果を企業化して「学生ベンチャー」「大学ベンチャー」に繋げる講座等は郷土愛をはぐくみ、生き方を考える授業になる。いずれも「学習成果の見える化」に繋がり、大学生の目的意識や改革への意欲に繋がる。

【提言5：グローバルな人材育成をめざす授業を拡充する】

「海外と日本で学んでいることにギャップがある、留学すると自分がどこまで通用するかわかる」と留学経験者はいう。一方で、海外からの留学生の増員を図ると「内なる

国際化」が促進され、多様な価値観に出会う機会が増え、異質なものに対して受容する「思いやり」が醸成される。また、海外勤務経験者やグローバルな視点で活躍されている社会人の入学枠の増員で異年齢・異業種の方との交流が促進され、多くの異なる意見や多角的なものの見方に出会うことができ、学内でもグローバルな人材育成を推進できる。現実には、新しい環境になじめなかったり、孤立していたりと悩みを抱えている留学生が存在しているので、普段から交流を密にして信頼関係を構築することが大切である。その点も踏まえて、留学生や社会人とともに学ぶ<u>「英語による授業」の拡充</u>を提言する。

2．教員の教育力の向上
【提言6：教員の教育力の向上のための仕組みを創る】
　現在、産業・雇用構造が大きく変化しているにもかかわらず、大学教員は大部分が終身雇用のままである。そこで、「大学は誰のものか」「大学の学びとは何か」と原点に立ち戻って考える時、「学びの質の保証」「モチベーションの高い人材の育成」という命題には、教員の教育力の向上が重要な鍵となる。たしかに、教員は日ごろから教育・研究・地域貢献等に邁進しており、「一人前になりたい学生」と「一人前の学生に来てほしい企業」との仲立ちも期待され、さらに「学生・大学を元気」にすることも求められている。しかし、学生からの期待は「学ぶ目的や将来像を示して欲しい」「先生も教授法・学習者の理解について学んで欲しい」「先生との距離感を何とかしたい」等である。こうしたニーズに応えるために、ファカルティ・ディベロプメント（Faculty Development）が教員の教育力を高める実践的方法として、また授業改革の組織的な取り組みとして実施されている。熟議では、「教育と研究は両輪、その成果を地域貢献に活かす」「研究重視型と教育重視型の教員の役割分担」「共通教育専任の配置」「新科目開講には研究業績の再審査を」等の意見も出た。ここでの提言は、<u>教員の倫理観や意欲、能力等を保持できるよう、教育力向上のための仕組みを創る</u>ことである。また、大学教育にMOT（Management of Technology）の視点を導入し、イノベーションの創出をマネージメントしていくことも時代の要請である。

【提言7：学生の成績評価と、教員の教育業績評価を整備する】
　学期末に「学生による授業評価」が実施されているが、教員は必ず授業改善に生かすべきである。「共通教育は専門課程の教員、専門課程は外部評価者が評価」「卒業研究の審査に社会人も」「教育業績評価も整備すべき」「教員の職務役割を明確にし、教育・研究の比率を決める」「学生の質の変化に対応できるような教授法に優れている教員が欲しい」等々、さまざまな意見が出た。ここでは<u>教員の教育業績を客観的に測定する方法の整備</u>を提言する。一方、学生の成績評価に<u>意欲、貢献度</u>やチャレンジ姿勢等も項目に入れて、<u>自ら考えて解決したこと、失敗の改善等も評価する仕組みづくり</u>を提言する。評価事例は「行事やボランティア活動の企画運営、地域・街おこし活動、障がい者のサポート等」である。

3．学修支援の改善
【提言8：主体的な学びのための学修環境を整備する】
　学生は、学修して得た知識・情報を活用し、経験を積み重ねてキャリア形成していくので、「<u>図書館の24時間開館の実現</u>」「自習できる場所、多様な学習形態が可能な場所の充実」「学んだことを実践できるトレーニングの場所や教員の工夫」「英会話用に自由に声を出してもよい部屋」等、<u>学生の主体的な学びを支援する環境整備の促進</u>を提言する。

【提言9：奨学金貸与や企業化への支援を図る】
　学生はアイディアや意欲があっても資金が充分でない場合が多い。審査の上、企業化への支援を提言する。また、学費捻出の必要性からアルバイトをする時間が増え、学び

の時間を削る学生もいる。今後は、民間企業等と協力して奨学金や海外研修等の拡充を提言する。

4．大学入試の改善
【提言10：大学入試に面接・口頭試問を導入する】
　現状では、成績・偏差値重視で大学を選んでいるため、「入学前後のギャップ、学部学科とのミスマッチ、入学後のモチベーションの低下等」の課題がみられる。高校生は具体的かつ目的のある志望があってこそ自主的に大学を選択することができるので、学力判定と同時に「大学で何を学びたいのか」を確認するための面接・口頭試問の導入を提言する。熟議では、「センター試験を課さない入試枠の拡大」「センター試験不要」「センター試験のみで判定」等の意見が出たが、いずれも再検討が前提である。そして、高校における進路指導のあり方を見直して、高校のキャリア教育科目で「なぜ学ぶのか」「いかに生きるか」を真剣に教える機会を設ける必要がある。大学側も、「入学したら、本学で学べるメニュー」の紹介をもっと積極的に行いながら募集する。つまり、受験前に学ぶための問題意識がはっきりしていれば、その環境を提供する大学を探すからである。結果として「意欲的な高校生と企業の双方から選ばれる大学」になる。そのことが高いモチベーションを保持しながら授業に参加する学生が増え、「主体的な学生の育成」「元気な大学づくり」に繋がる。

5．実質的な学修時間の確保
　大学教育では授業の事前準備や事後の展開に要する時間を含めた学修時間を十分に確保することが重要で、学生にとっても関心事である。生涯学習社会では、「生涯学習とは家庭・学校・社会教育を統合した学習」と定義されている。つまり、机に向う時間ばかりでなく、「いつでも・どこでも・だれでも」が日常生活の中で学ぶ時間を含む。具体的には、授業と授業前後の予習復習、クラブ活動やボランティア、インターンシップ、アルバイト等、すべての体験や学びの時間を確保し、「実質的な学修へ」と転換していくことが重要である。

当日の班構成は表4－2－3の通りである。

表4－2－3　第2回「熟議」参加者の役割・業種別（76人、所属等は一部省略）[9]

グループ1

	役割	所属等
1	ファシリテーター	三重大学副学長
2	ファシリテーター	三重大学人文学部1年
3	パソコン記録者	三重大学工学部4年
4	プレイヤー	株式会社代表取締役社長
5	プレイヤー	三重県教育委員会副課長
6	プレイヤー	三重大学人文学部4年

グループ2

	役割	所属等
1	ファシリテーター	三重大学教育学部教授
2	ファシリテーター	三重大学工学部1年
3	パソコン記録者	三重大学生物資源学部2年
4	プレイヤー	株式会社代表取締役社長
5	プレイヤー	岐阜大学職員
6	プレイヤー	三重大学工学部非常勤講師

グループ3

	役割	所属等
1	ファシリテーター	三重大学工学部教授
2	ファシリテーター	三重大学生物資源学部1年
3	パソコン記録者	三重大学医学部2年
4	プレイヤー	株式会社CEO
5	プレイヤー	三重県雇用経済部長
6	プレイヤー	三重大学人文学部3年

グループ4

	役割	所属等
1	ファシリテーター	三重大学副学長・センター長
2	ファシリテーター	三重大学人文学部1年
3	パソコン記録者	三重大学・センター特任講師
4	プレイヤー	株式会社代表取締役専務
5	プレイヤー	三重県雇用経済部副部長
6	プレイヤー	愛知県市役所

グループ5

	役割	所属等
1	ファシリテーター	三重大学センター講師
2	ファシリテーター	三重大学人文学部1年
3	パソコン記録者	三重大学工学部4年
4	プレイヤー	株式会社代表取締役社長
5	プレイヤー	私立高等学校教諭
6	プレイヤー	三重大学人文学部3年

グループ6

	役割	所属等
1	ファシリテーター	株式会社理事長・三重大学特任教授
2	ファシリテーター	三重大学人文学部3年
3	パソコン記録者	三重大学大学院博士課程2年
4	プレイヤー	三重大学職員
5	プレイヤー	三重県教育委員会主査
6	プレイヤー	株式会社

グループ7

	役割	所属等
1	ファシリテーター	三重大学医学研究科教授
2	ファシリテーター	三重大学工学部1年
3	パソコン記録者	三重大学センター講師
4	プレイヤー	株式会社専務理事
5	プレイヤー	株式会社、四日市市役所室長
6	プレイヤー	三重大学医学部1年

グループ8

	役割	所属等
1	ファシリテーター	三重大学大学院教授・研究科長
2	ファシリテーター	三重大学医学部1年
3	パソコン記録者	三重大学学務部職員
4	プレイヤー	伊勢市役所
5	プレイヤー	鈴鹿医療科学大学講師
6	プレイヤー	三重大学大学院1年

グループ9

	役割	所属等
1	ファシリテーター	三重大学大学院講師
2	ファシリテーター	三重大学工学部1年
3	パソコン記録者	市民
4	プレイヤー	三重県団体中央会室長
5	プレイヤー	三重県雇用経済部主査
6	プレイヤー	三重県立商業高等学校教諭

グループ10

	役割	所属等
1	ファシリテーター	三重大学副学長・センター長
2	ファシリテーター	三重大学人文学部1年
3	パソコン記録者	三重大学生物資源学部2年
4	プレイヤー	自営業、元株式会社社長
5	プレイヤー	三重県立商業高等学校教諭
6	プレイヤー	岐阜大学職員

運営グループ

	役割	所属等
1	実行委員長	三重大学人文学部2年
2	運営・タイムキーパー	三重大学教育学部4年
3	運営・受付	三重大学生物資源学部1年
4	運営・会場	三重大学人文学部4年
5	運営補助	三重大学センター特任教授
6	運営・接遇	伊勢市役所

文部科学省

	役職	所属等
1	室長	文部科学省高等教育局
2	専門職	文部科学省高等教育局

大学関係者

	役職	所属等
1	学長	三重大学
2	理事・副学長	三重大学
3	理事・事務局長	三重大学
4	学部長	三重大学
5	学務課長	三重大学
6	総務室長	三重大学
7	総務主任	三重大学
8	総務部	三重大学

5．第2回「熟議」参加者による評価

(1) 参加者によるアンケート調査の方法・内容

アンケート調査の用紙は受付時に配布して終了時に回収した。来場者76人中、回答者53人（有効回答率69.7％）の属性は、学生・院生17人（32.1％）、教員・教育関係者20人（37.7％）、行政・公的機関6人（11.3％）、企業・自営業8人（15.1％）、その他2人（3.8％）である[11]。（表4－2－4）

表4－2－4　第2回「熟議」のアンケート[11]

「大学教育改革地域フォーラム2012 in 三重大学」アンケート
文部科学省作成　　2012年7月21日
【あなたご自身についてお伺いします】
1. 本日、どのようなお立場でご参加されたか、当てはまるものに〇をつけてください。
1. 学生・院生　　2. 教員・教育関係者　　3. 行政・公的機関　　4. 企業・自営業
5. NPO、NGO　　6. その他（　　　　　　）
【本日のフォーラムについてお伺いします】
2. 本日参加された満足度をお聞かせください。
1 とても満足　　2 やや満足　　3 やや不満足　　4 とても不満足
3. 本日のフォーラムのテーマについて、それぞれ当てはまるものに〇をつけてください。
そう思う　ややそう思う　あまり　そう思わない
①興味・関心はありましたか？　　　　1　　　2　　　3　　　4
②内容をよく知っていましたか？　　　1　　　2　　　3　　　4
③ご自身のご意見はお持ちでしたか？　1　　　2　　　3　　　4
④興味・関心は深まりましたか？　　　1　　　2　　　3　　　4
⑤内容の理解は深まりましたか？　　　1　　　2　　　3　　　4
⑥ご自身のご意見は変わりましたか？　1　　　2　　　3　　　4
4-1. フォーラム参加者の発言・コメントの中に「ためになった」「参考になった」ものはありましたか？
1 多数あった　　2 ややあった　　3 あまりなかった　　4 全くなかった
4-2. 「ためになった」「参考になった」発言・コメントを具体的にご記入ください。
[　　　　　　　　　　　　　　　　　　　　]
5. 本日のフォーラムへの参加経験を、今後の学修に関する活動の中で活かしたいと思われますか？
1 積極的に活かしたい　　2 活かしたい　　3 あまりそう思わない　　4 全くそう思わない　　5 どう活用すれば良いかわからない
6. 本日のフォーラムを受けて、今後どのようなことをやってみたいと思いましたか？
[　　　　　　　　　　　　　　　　　　　　]
7. 本日のフォーラムを受けて、大学関係者へのご要望等ございましたらお書きください。
[　　　　　　　　　　　　　　　　　　　　]
8. その他、ご意見・ご要望があればご自由にお書きください。
[　　　　　　　　　　　　　　　　　　　　]
ご協力ありがとうございました。

（2）参加者によるアンケート調査の結果

Q2「本日参加された満足度」は、「とても満足」39人と「やや満足」12人を合わせて96.2％、「とても不満足」1人、無記入1人で、ほとんどの方が満足されたことが分かった。

Q3「フォーラムのテーマについて」は「興味・関心があったか」で「そう思う」「ややそう思う」を合わせると94.4％、「興味・関心は深まったか」「内容の理解は深まったか」では、回答した全員が「そう思う、ややそう思う」と回答しているが、「自分の意見は変わったか」についてはバラツキがあった[11]。

（表4－2－5）

Q4-1「フォーラム参加者の発言・コメントの中でためになった、参考になったもの」は、「多数あった」35人と「ややあった」15人を合わせると94.3％で、「あまりなかった」1人（1.9％）、無記入2人（3.8％）で、複数のコメントは「教員の教育力と社会接続、教員の社会性、インターンシップの長期化、共通教育と専門教育のシームレス化」[11]等である。

Q5「フォーラムの参加経験を今後の学修の中で活かしたいか」では、「積極的に活かしたい」28人と「活かしたい」22人を合わせると94.3％で、無記入3人（5.7％）である[11]。

Q6「今後どのようなことをやってみたいか」では、「もっと熟議したい、クロストーク等」「大学の運営、経営のあり方を見直す」等、Q7「大学関係者への要望」では「提言を実現させて欲しい」「来年も継続して欲しい」等、Q8「その他」でも「有意義な熟議、継続して欲しい」、「もう少しまとめる時間が欲しかった」「学生がよく頑張った」[11]等であった。

表4－2－5　Q3「本日のフォーラムのテーマ」について[11]

Q3	そう思う	ややそう思う	あまり思わない	そう思わない	無記名	合計
1．興味・関心はありましたか	39(73.6%)	11(20.8%)	2 (3.8%)		1(1.9%)	53
2．内容をよく知っていましたか	18(34.0%)	26(49.1%)	8 (15.1%)		1(1.9%)	53
3．自身の意見はお持ちでしたか	33(62.3%)	18(34.0%)	1 (1.9%)		1(1.9%)	53
4．興味・関心は深まりましたか	40(75.5%)	12(22.6%)			1(1.9%)	53
5．内容の理解は深まりましたか	34(64.2%)	18(34.0%)			1(1.9%)	53
6．自身の意見は変わりましたか	17(32.1%)	22(41.5%)	9 (17.0%)	4 (7.5%)	1(1.9%)	53

6．第2回「熟議」を教材とした授業『キャリア形成・能力開発』の評価
（1）学生によるアンケート調査の方法・内容
第2回「熟議」を教材とした授業『キャリア形成・能力開発』の受講生は

12人（1年生10人、2年生1人、4年生1人）である。途中から、「単位は不要、でも手伝いたい」という学生が2人加わった。授業の最終週には、2011年度同様にアンケート用紙「学びの振り返りシート2012」[12]を配付し、回答用紙を回収して関係機関に送り、集計した。

（2）学生によるアンケート調査の結果

1）あなたの学びに関する項目（Q1～Q7）

「あなたの学びに関する項目」についての評価では、「あてはまる」5点、「ややあてはまる」4点、「どちらともいえない」3点、「あまりあてはまらない」2点、「あてはまらない」1点として平均値を算出（中点は3点）した。その結果、平均値の高い順では、「総合的に判断してこの授業に満足」は平均値5と全員が回答した。次いで、「新しい知識・考え方・技術などが獲得できた」平均値4.75、「この授業で学んだことや考え方について、意識するようにしたり実際に試したりした」が平均値4.67、「この授業の内容について理解できた」平均値4.58とつづいており[24]、「主題Ⅰ生きる力とキャリア形成」の平均値や共通教育科目全体の平均値と比べるといずれも高い平均値を示した。（表4－2－6）

2）「4つの力」に関する項目①②（Q10～Q13、Q14～Q30）

授業『キャリア形成・能力開発』の特色を検証するために、「主題㈲」の受講生1,494人や共通教育科目の全受講生18,607人の平均値と比べたところ、全ての項目で高く、とくに「この授業を押してコミュニケーション力が成長した」と全員が答えている。

「4つの力」に関する項目②で60％以上の項目は、「感じる力：感性、共感、モチベーション」「考える力：幅広い教養、課題探求力、課題解決力」「コミュニケーション力：情報発信力、対話・討論力」で、なかでも「対話・討論力」は100％を示した。授業『キャリア形成・能力開発』の得点を「4つの力に関する項目①」と同じように変換して平均値（得点範囲の中点は2点）を算出したところ、「倫理観、心身の健康に対する意識」以外は3以上の平均値（5段階評価）を示している。（表4－2－7、表4－2－8）

第4章 高等教育機関における「循環型教育」   193

表4-2-6 「あなたの学びに関する項目」(Q1〜Q7) 5段階評価[13]

	キャリア形成・能力開発 12人中		主題I 1,494人中		共通教育 18,607人中	
	平均値	標準偏差	平均値	標準偏差	平均値	標準偏差
1 総合的に判断して、この授業に満足できた	5.00	0.00	3.92	0.93	3.88	0.99
2 授業内外の学習に取り組むために、シラバスを活用した。	3.33	1.44	2.63	1.27	2.56	1.25
3 この授業の内容について理解できた	4.58	0.51	3.89	0.82	3.74	0.92
4 新しい知識・考え方・技術などが獲得できた	4.75	0.62	4.02	0.83	3.87	0.94
5 この授業の受講によって学業への興味・関心（意欲）が高まった	4.42	0.90	3.72	0.96	3.64	1.00
6 この授業で学んだことや考え方について意識するようにしたり実際に試してみた	4.67	0.65	3.63	1.00	3.27	1.09
7 学びを深めるために、調べたり尋ねたりした	4.42	1.16	3.38	1.19	3.08	1.18

資料：2012年度前期「学びの振り返りシート」 集計表：三重大学高等教育創造開発センター

表4-2-7 「4つの力に関する項目①」(Q10〜Q13)[13]

	キャリア形成・能力開発 12人		主題I 1,494人中		共通教育 18,607人中	
	平均値	標準偏差	平均値	標準偏差	平均値	標準偏差
10 この授業を通して「感じる力」が成長したと思う。	3.58	0.51	2.94	1.08	2.03	1.15
11 この授業を通して「考える力」が成長したと思う。	3.75	0.45	3.09	1.11	2.38	1.10
12 この授業を通して「コミュニケーション力」が成長したと思う。	4.00	0.00	3.09	1.27	1.95	1.28
13 この授業を通して「生きる力」が成長したと思う。	3.42	0.79	2.91	1.13	2.02	1.17

資料：2012年度前期「学びの振り返りシート」 集計表：三重大学高等教育創造開発センター

表4－2－8 「4つの力に関する項目②」(Q14〜Q30)[13]

	キャリア形成・能力開発 12人中		主題Ⅰ 1,494人中		共通教育 18,607人中	
	選択者数	選択率	選択者数	選択率	選択者数	選択率
14感性	9	75%	768	51%	5,613	30%
15共感	9	75%	685	46%	3,292	18%
16倫理観	4	33%	319	21%	2,899	16%
17モチベーション	11	92%	527	35%	4,496	24%
18主体的学習力	7	58%	465	31%	6,011	32%
19心身の健康に対する意識	3	25%	169	11%	1,911	10%
20幅広い教養	8	67%	527	35%	7,756	42%
21専門知識・技術	2	17%	237	16%	6,470	35%
22論理的思考力	4	33%	514	34%	3,946	21%
23批判的思考力	5	42%	602	40%	2,461	13%
24課題探求力	9	75%	586	39%	3,238	17%
25問題解決力	9	75%	514	34%	3,102	17%
26情報受発信力	9	75%	625	42%	3,941	21%
27討論・対話力	12	100%	742	50%	3,887	21%
28指導力・協調性	5	42%	499	33%	2,950	16%
29社会人としての態度	6	50%	626	42%	3,518	19%
30実践外国語力	2	17%	47	3%	4,058	22%

資料：2012年度前期「学びの振り返りシート」 集計表：三重大学高等教育創造開発センター

　なお、2012年度には「4つの力」に関するおもな15項目（51〜65）を選び、変換し、平均値（中点は2点）を算出し、その表5－3－19を基にして「熟議」を教材とした授業『キャリア形成・能力開発』で身についた力を図表化した。（図4－2－3〜図4－2－6）

第4章 高等教育機関における「循環型教育」

表4−2−9 授業『キャリア形成・能力開発』で身についた力（n = 12）[13]

4つの力		身に付いた力	キャリア形成・能力開発	
			平均値	標準偏差
生きる力	感じる力	51感性	3.33	0.98
		52共感	3.50	0.67
		53倫理観	2.36	1.36
		54モチベーション	3.25	1.29
		55主体的学習力	3.25	0.97
		56心身の健康に対する意識	1.67	1.30
	考える力	57幅広い教養	3.08	1.24
		58論理的思考力	3.25	0.97
		59批判的思考力	3.08	1.08
		60課題探求力	3.58	0.67
		61問題解決力	3.58	0.67
	コミュニケーション力	62情報受発信力	3.50	0.67
		63討論・対話力	3.67	0.65
		64指導力・協調性	3.17	0.94
		65社会人としての態度	3.33	0.78

授業『キャリア形成・能力開発』の得点を「4つの力に関する項目①」と同じように変換し、平均値を算出。「かなり成長した」4点、「ある程度成長した」3点、「少し成長した」2点、「わずかながら成長した」1点、「まったく成長しなかった」0点（得点範囲の中点は2点）
資料：2012年度前期「学びの振り返りシート」 集計表：三重大学高等教育創造開発センター

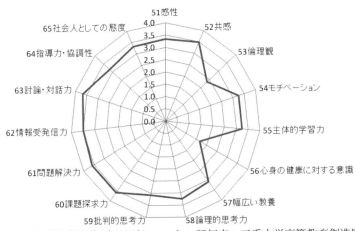

資料：2012年度前期「学びの振り返りシート」評価表：三重大学高等教育創造開発センター

図4−2−3 授業『キャリア形成・能力開発』2012で身についた力[13]

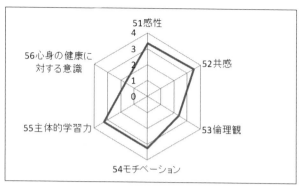

図4-2-4 『キャリア形成・能力開発』2012で身についた「感じる力」[13]

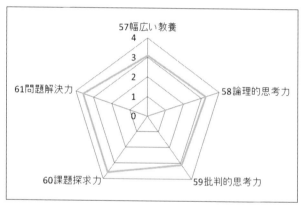

図4-2-5 『キャリア形成・能力開発』2012で身についた「考える力」[13]

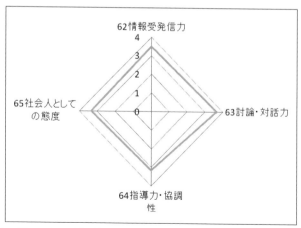

図4-2-6 『キャリア形成・能力開発』2012で身についた「コミュニケーション力」[13]

第3節　若者雇用・人材育成フォーラム2013 in 三重大学
いま、キャリア・チャレンジ　やる気スイッチはどこにあるのか？

1.「若者雇用・人材育成フォーラム2013」の背景と目的

　いま、変動する社会・産業構造の中で、学生たちは将来の生き方や進路をどのように決定していくかという課題に直面している[14]が、課題を解決するためには「若者自身が問題意識を持ち、自力でキャリア形成・能力開発すること」が重要と考える。

　本節における研究の目的は、学生自身が当事者として問題解決できる力を備える方策を提案し、その実践事例を検証することである。

　第1回、第2回と同様に、2013年度の共通教育科目のシラバス[15]において予告した。2013年4月の授業『キャリア形成・能力開発』では、受講生が前年度の報告書を読んで「自分たちもやってみたい」と全員一致で「熟議」の実施を決めた。実施体制は教員や行政、企業人とともに「若者雇用・人材育成フォーラム実行委員会」を結成したが、実際はすべての準備と当日の運営を受講生が行った[13]。メインテーマ「若者雇用・人材育成フォーラム2013 in 三重大学　いま、キャリア・チャレンジ　やる気スイッチはどこにあるのか？」も学生同士の話合いで決定した[14]。（表4−3−1、図4−3−1〜図4−3−5）

2．第3回「熟議」における討論のサブテーマ

　熟議では、参加者がそれぞれの立場で抱えている課題や社会問題化している課題を自由に出し合い討論し、政策提言を行う。想定される課題「学卒者の就職率の低迷、ニートやフリーターの長期化、精神的・社会的自立の遅れ、不安定就労、技術不足、コミュニケーション力の不足、経済格差、学習の発達障害や学力格差、大学入試制度、生徒と教員・生徒同士の人間関係、教員による授業改善、家庭の協力、社会教育施設との連携」等が具体的に出てきたら、とくに重要である課題3〜5つを選ぶ[14]。そこでは学生・生徒側、企業側、社会構造に要因がある課題等が想定されるが、「何をどのように改善すれば解決でき

るか」について具体的な施策や仕組みづくりについて提言する。熟議の最終的な目標は、「これから就労する生徒・学生もしくは就労している若者が職場において自己実現をし、社会的・職業的自立を果たすための方策づくり」[14]である。

　サブテーマは次の（A）（B）（C）の3つに決定し、年齢、性別、職種等を考慮して異年齢・異業種による班構成（6～7人×10班）とした。なお、参加登録者メーリングリストにて情報を送り、参加者が事前に「熟議」の概要を理解して来場されるように努力した[14]。

（A）ニート、フリーター、早期離職者への予防策と対処法は何か
（B）職場で求められる人材とは何か
（C）在学中に為すべきチャレンジとは何か[14]

3．第3回「熟議」の概要とタイムライン

　第3回「熟議」の概要とタイムラインは表4－3－1の通りである。二回目の「熟議」と同じ会場を使用し、少人数でじっくりと熟議をするために班毎の人数を6人にした。（表4－3－2）

表4－3－1　第3回「熟議」のタイムライン[14]

```
日　時：2013年7月20日（土）13：00～17：00
会　場：国立大学法人三重大学 環境・情報科学館（メープル館）3階　PBL演習室3・4
テーマ：若者雇用・人材育成フォーラム2013 in 三重大学
　　　　～いま、キャリア・チャレンジ　やる気スイッチはどこにあるのか？～
対象者：学生、教職員、企業、行政、NPO、保護者、市民の方
参加者：77名（参加費無料・要予約・先着順）
主　催：国立大学法人三重大学 若者雇用・人材育成フォーラム実行委員会
後　援：文部科学省・中部経済産業局・三重労働局・三重県・三重県教育委員会

〈当日のタイムライン〉　　　　　　　　　　　　　　総合司会　学生実行委員長
13：00～13：05　主催者挨拶　三重大学学長
13：05～13：28　若者雇用・人材育成に関する施策の概要説明
　　　　　　　　文部科学省生涯学習政策局参事官（連携推進・地域政策担当）付企
　　　　　　　　画係　新平紗恵子
　　　　　　　　経済産業省経済産業政策局参事官（産業人材政策担当）
　　　　　　　　奈須野太参事官
```

第4章 高等教育機関における「循環型教育」

	三重労働局職業安定部求職者支援室　塩澤尚樹室長
13：28～13：30	熟議のルール説明
	三重大学若者雇用・人材育成フォーラム実行委員会委員長　宮崎冴子
13：30～14：00	熟議1（グループワーク6名×10班：自己紹介、課題の収集、分野別に整理し重要な課題3～5つ選ぶ）
14：00～14：50	熟議2（グループワーク：課題解決への提言）
14：50～15：00	（休　憩）
15：00～15：50	熟議3：グループワーク：提言のまとめ
15：00～15：50	熟議4：グループワーク：全体発表の準備
15：50～16：55	全体発表（プレゼンテーション3分×10班）、全体討論、アンケート記入
16：55～17：00	閉会挨拶、その後に記念撮影
17：30～19：00	意見交換会・交流会（自由参加）

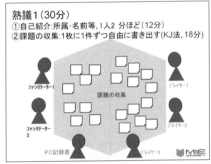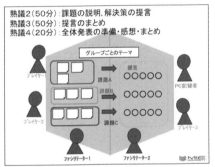

図4-3-2　3回目の「熟議」の概念図（宮崎作成）[14]

図4-3-3　関係省庁の概要説明・「熟議」の様子[14]

図4-3-4　全体発表会の様子（環境・科学情報館3階）[14]

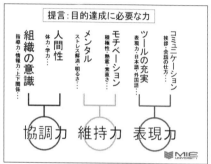

図4-3-5　全体発表会における6班の「テーマ・課題・提言」[14]

表4-3-2　第3回「熟議」参加者の役割・業種・参加区分（77人、所属等は一部省略）[14]

グループ1

	役割	所属等
1	ファシリテーター	三重大学副学長・センター長
2	ファシリテーター	三重大学生物資源学部1年
3	パソコン記録者	三重大学工学部1年
4	プレイヤー	株式会社代表取締役社長
5	プレイヤー	三重県雇用対策部主査
6	プレイヤー	三重大学大学院生

グループ2

	役割	所属等
1	ファシリテーター	三重労働局室長
2	ファシリテーター	三重大学人文学部2年
3	パソコン記録者	三重大学生物資源学部1年
4	プレイヤー	株式会社 代表取締役社長
5	プレイヤー	三重県立高等学校教諭
6	プレイヤー	株式会社室長

グループ3

	役割	所属等
1	ファシリテーター	三重県教育委員会班長
2	ファシリテーター	三重大学生物資源学部1年
3	パソコン記録者	三重大学人文学部2年
4	プレイヤー	三重大学医学部大学院、自営業監査役
5	プレイヤー	鈴鹿医療科学大学准教授
6	プレイヤー	三重大学人文学部3年

グループ4

	役割	所属等
1	ファシリテーター	三重大学職員
2	ファシリテーター	三重大学工学部1年
3	パソコン記録者	三重大学生物資源学部4年
4	プレイヤー	三重県中小企業団体中央会室長
5	プレイヤー	社会労務士
6	プレイヤー	鈴鹿医療科学大学

グループ5

	役割	所属等
1	ファシリテーター	三重大学学長補佐
2	ファシリテーター	三重大学生物資源学部1年
3	パソコン記録者	三重大学人文学部3年
4	プレイヤー	株式会社代表取締役社長
5	プレイヤー	キャリアコンサルタント
6	プレイヤー	滋賀県立大学

グループ6

	役割	所属等
1	ファシリテーター	市民
2	ファシリテーター	三重大学人文学部2年
3	パソコン記録者	三重大学大学院博士課程前期1年
4	プレイヤー	株式会社
5	プレイヤー	三重県雇用対策室参事
6	プレイヤー	文部科学省生涯学習政策局係長
7	プレイヤー	熊野市立小学校教諭

グループ7

	役割	所属等
1	ファシリテーター	三重大学生物資源学部特任教授
2	ファシリテーター	三重大学工学部1年
3	パソコン記録者	三重大学センター特任講師
4	プレイヤー	三重大学大学院非常勤講師、株式会社
5	プレイヤー	三重県雇用対策班長
6	プレイヤー	NPO法人事務局長

グループ8

	役割	所属等
1	ファシリテーター	株式会社代表取締役社長
2	ファシリテーター	三重大学生物資源学部1年
3	パソコン記録者	三重大学センター特任講師
4	プレイヤー	三重県伊勢市
5	プレイヤー	三重大学教育学部2年
6	プレイヤー	株式会社
7	プレイヤー	三重県教育委員会指導主事

グループ9

	役割	所属等
1	ファシリテーター	愛知みずほ大学課長
2	ファシリテーター	三重大学生物資源学部3年
3	パソコン記録者	三重大学生物資源学部1年
4	プレイヤー	市民
5	プレイヤー	キャリアコンサルタント
6	プレイヤー	三重大学工学部1年
7	プレイヤー	三重大学医学研究科教授

グループ10

	役割	所属等
1	ファシリテーター	三重大学センター講師
2	ファシリテーター	三重大学工学部1年
3	パソコン記録者	三重大学教育学部3年
4	プレイヤー	鈴鹿医療科学大学課長
5	プレイヤー	三重大学人文学部3年
6	プレイヤー	キャリアコンサルタント
7	プレイヤー	三重大学副学長・医学部教授

運営グループ

	役割	所属等
1	実行委員長	三重大学工学部3年
2	副実行委員長	三重大学工学部1年
3	運営補助	三重大学人文学部3年
4	運営補助	三重大学センター特任教授

文部科学省・経済産業省

	役職	所属等
1	参事官	経済産業省経済産業政策局
2	専門官	文部科学省生涯学習政策局

大学関係者

	役職	所属等
1	学長	三重大学
2	理事・副学長	三重大学
3	副学長	三重大学
4	学務部長	三重大学
5	総務課長	三重大学
6	学務部課長	三重大学
7	企画課長	三重大学

4．第3回「熟議」参加者による評価

（1）参加者によるアンケート調査の方法と内容

学生が作成したアンケート用紙（表4-3-3）は受付で配布し、終了時に回収した。回答者55人（有効回答率71.4％）は、学生・院生21人（38.2％）、教員・教育関係者17人（30.9％）、行政・公的機関5人（9.1％）、企業10人（18.2％）NPO2人（3.6％）であった[16]。

表4－3－3　第3回「熟議」のアンケート[16]

若者雇用・人材育フォーラム　2013 in 三重大学」アンケート
「いま、キャリア・チャレンジ～やる気スイッチはどこにあるか？～」
(2013.7.20)

1．本日、どのような立場でご参加されたか、当てはまる数字に○をつけて下さい。
　　1、学生・院生　　　2、教員・教育関係者　　3、行政・公的機関
　　4、企業・自営業　　5、NPO、NGO　　　　　6、その他（　　　　　）

2．本日参加された満足度をお聞かせ下さい。□にチェックを入れ、理由もお聞かせ下さい。

| □とても満足 | □やや満足 | □普通 | □やや不満足 | □とても不満足 |

理由をご記入ください。

3．本日のフォーラムを受けて、今後どのようなことをやってみたいと思いましたか？

4　その他、ご意見、ご要望があればご自由にお書きください。

－アンケートにご協力ありがとうございました－

（2）参加者によるアンケート調査の結果

Q2. 参加された満足度は、回答者55人中で「とても満足」39人と「やや満足」13人を合わせると94.5％で、「普通」は2人で3.6％、「やや不満足」「不満足」は0人、「無記入」は1人で1.8％であった[16]。

「とても満足」「やや満足」の理由で、多かった理由をまとめると「就活支援や企業の方、違う考えの学生等、さまざまな職種・年齢の人と熟議し、いろいろな視点からの意見得ることができた」で、他に「学生の本音、企業の本音が聞けた」「短時間で発表までするという刺激的な時間」「熟議を経験して共感・発見があった」「ぜひ、次回も参加したい。今後の活動に期待する、次世代に継ぐために」等があった。「普通」の理由は「テーマの幅が広すぎた」「進行が難しい、全体のファシリテーターが必要」等があった[16]。

（3）まとめ

自分の親以外の大人と話す機会が少ないという学生たちが、地域社会の大人

第4章　高等教育機関における「循環型教育」　203

たちと同じテーブルにつき、共通の目標に向かってフラットな関係性で「熟議」した結果、「大人の人は予想もしない意見を次から次へと出してきて、これが働いている人の考えか」「大人の人はすごいな」等と感じ、一方で大人たちは学生の考えに触れて大学の現状がよく分かったという。こうした双方から出てきた意見や感想は、学校・家庭・地域社会の連携による異業種・異年齢の「循環型教育」が成果を発揮したからと捉えている。

「熟議」終了後には、各班から2人の代表が全体会で発表し、その後に全体討議を行った。ここでも異年齢・異業種の参加者による「循環型教育」が展開されたと捉えている。

5．第3回「熟議」を教材とした授業『キャリア形成・能力開発』の評価
（1）学生によるアンケート調査の方法・内容

第3回「熟議」を教材とした授業『キャリア形成・能力開発』の受講生は14人（1年生11人、2年生2人、3年生1人）であるが、最終週の出席者12人であった。2012年度同様に、2013年度のアンケートでも「学びの振り返りシート2013」[17)]を配付し、回収して関係機関に送り、集計した[16)]。

（2）学生によるアンケート調査の結果
1）あなたの学びに関する項目（Q1～Q7）

「あなたの学びに関する項目」について「あてはまる」5点、「ややあてはまる」4点、「どちらともいえない」3点、「あまりあてはまらない」2点、「あてはまらない」1点として平均値を算出（中点は3点）した。その結果、平均値の高い順では「総合的に判断してこの授業に満足」は平均値4.58（5段階評価）である。次いで、「新しい知識・考え方・技術などが獲得できた」「この受講によって学業への興味・関心（意欲）が高まった」が平均値4.42、「この授業の内容について理解できた」「この授業で学んだことや考え方について、意識するようにしたり実際に試したりした」が平均値4.17とつづく）。2013年度前期『キャリア形成・能力開発』と「主題Ⅰ生きる力とキャリア形成」受講生1,797人や共通教育科目の全受講生18,405人の平均値と比較すると、いずれ

も高い平均値を示しており、「熟議」を教材とした授業『キャリア形成・能力開発』は学生の満足度が顕著であることが分かった[16]。（表4－3－4）

2）4つの力に関する項目①②（Q10～Q13、Q14～Q30）

「4つの力」に関する項目①では、授業『キャリア形成・能力開発』の項目と主題㈴や共通教育科目全体の平均値と比べると全ての項目で高い。（表4－3－5）

「4つの力」に関する項目②で50％以上の項目は、「考える力：主体的学習力、課題探求力、課題解決力」「コミュニケーション力：情報発信力、対話・討論力」である。中でも「対話・討論力」の選択率が高い。（表4－2－26）

さらに、「4つの力」に関する教員独自の選択肢を15項目（51～65）選び、得点を「4つの力に関する項目①」と同じように変換して平均値（中点は2点）を算出したところ、「討論・対話力」がもっとも高く、次いで「課題探求力」「問題解決力」がつづき、「倫理観」「心身の健康に対する意識」以外は3.08点以上を示している。（表4－3－6）

2013年度から「熟議」を教材として扱った授業『キャリア形成・能力開発』で身についた力を図表化したところ、図4－3－6～図4－3－9のような結果が出た。

（3）考察

第3回「熟議」では、回を重ねたメリットとして、①過年度の報告書が「生きた教材」となったこと、②退職された企業人や上級生の「熟議経験者」が事前の授業や本番に参加して1年生にアドバイスしてくれたこと等が挙げられる。ここで、「熟議経験者」は後輩にアドバイスする役割を担ったが、逆に彼らも1年生を支援しながら「新しい視点を発見し、刺激を受けた」という。そこでは、若者同士または社会人と学生とが互いの意見に耳を傾け、「熟議」を成功させるために何をするべきかを考えて、一人では不可能なことでも役割分担して力と智恵を合わせて乗り切れたことは、学校・家庭・地域社会の連携による「循環型教育」の有用性が発揮されたからである。

第4章　高等教育機関における「循環型教育」

表4－3－4　授業『キャリア形成・能力開発』「あなたの学びに関する項目」(Q1〜Q7)[18]

	キャリア形成・能力開発 12人中		主題 I 1,797人中		共通教育 18,405人中	
	平均値	標準偏差	平均値	標準偏差	平均値	標準偏差
1 総合的に判断して、この授業に満足できた。	4.58	0.67	3.83	1.02	3.90	0.96
2 授業内外の学習に取り組むために、シラバスを活用した。	2.58	0.79	2.51	1.20	2.60	1.22
3 この授業の内容について理解できた。	4.17	0.39	3.89	0.87	3.78	0.87
4 新しい知識・考え方・技術などが獲得できた。	4.42	0.51	3.95	0.88	3.89	0.89
5 この授業の受講によって学業への興味・関心（意欲）が高まった。	4.42	0.67	3.64	0.99	3.68	0.95
6 この授業で学んだことや考え方について意識するようにしたり実際に試してみた。	4.17	0.72	3.64	0.97	3.34	1.04
7 学びを深めるために、調べたり尋ねたりした。	3.67	1.07	3.55	1.09	3.21	1.12

資料出所：2013年度前期「学びの振り返りシート」　集計表：三重大学高等教育創造開発センター

表4－3－5　「4つの力に関する項目①」(Q10〜Q13)[18]

	キャリア形成・能力開発 12人		主題 I 1,797人中		共通教育 18,405人中	
	平均値	標準偏差	平均値	標準偏差	平均値	標準偏差
10 この授業を通して「感じる力」が成長したと思う。	2.92	0.67	2.54	1.01	2.12	1.08
11 この授業を通して「考える力」が成長したと思う。	2.92	0.79	2.67	1.02	2.44	1.04
12 この授業を通して「コミュニケーション力」が成長したと思う。	2.92	0.67	2.76	1.06	2.05	1.21
13 この授業を通して「生きる力」が成長したと思う。	2.50	1.09	2.48	1.04	2.12	1.09

資料出所：2013年度前期「学びの振り返りシート」　集計表：三重大学高等教育創造開発センター

表4-3-6 「4つの力に関する項目②」(Q14〜Q30)[18]

	キャリア形成・能力開発 12人中		主題Ⅰ 1,797人中		共通教育 18,405人中	
	選択者数	選択率	選択者数	選択率	選択者数	選択率
14感性	5	42%	857	48%	5,558	30%
15共感	3	25%	842	47%	3,306	18%
16倫理観	1	8%	296	16%	2,782	15%
17モチベーション	5	42%	652	36%	4,356	24%
18主体的学習力	6	50%	609	34%	6,145	33%
19心身の健康に対する意識	0	0%	154	9%	1,820	10%
20幅広い教養	4	33%	539	30%	7,585	41%
21専門知識・技術	1	8%	196	11%	6,435	35%
22論理的思考力	6	50%	598	33%	3,925	21%
23批判的思考力	3	25%	782	44%	2,685	15%
24課題探求力	4	33%	752	42%	3,419	19%
25問題解決力	7	58%	620	35%	3,147	17%
26情報受発信力	6	50%	696	39%	4,050	22%
27討論・対話力	9	75%	1,096	61%	4,426	24%
28指導力・協調性	3	25%	700	39%	3,205	17%
29社会人としての態度	4	33%	676	38%	3,355	18%
30実践外国語力	0	0%	42	2%	4,015	22%

資料出所：2013年度前期「学びの振り返りシート」　集計表：三重大学高等教育創造開発センター

第4章　高等教育機関における「循環型教育」　207

表4－3－7　授業『キャリア形成・能力開発』で身についた力（n＝12）[18]

4つの力		身に付いた力	キャリア形成・能力開発	
			平均値	標準偏差
生きる力	感じる力	51感性	3.33	0.98
		52共感	3.50	0.67
		53倫理観	2.36	1.36
		54モチベーション	3.25	1.29
		55主体的学習力	3.25	0.97
		56心身の健康に対する意識	1.67	1.30
	考える力	57幅広い教養	3.08	1.24
		58論理的思考力	3.25	0.97
		59批判的思考力	3.08	1.08
		60課題探求力	3.58	0.67
		61問題解決力	3.58	0.67
	コミュニケーション力	62情報受発信力	3.50	0.67
		63討論・対話力	3.67	0.65
		64指導力・協調性	3.17	0.94
		65社会人としての態度	3.33	0.78

授業『キャリア形成・能力開発』の得点を「4つの力に関する項目①」と同じように変換し、平均値を算出。「かなり成長した」4点、「ある程度成長した」3点、「少し成長した」2点、「わずかながら成長した」1点、「まったく成長しなかった」0点（得点範囲の中点は2点）
資料出所：2013年度前期「学びの振り返りシート」　集計：三重大学高等教育創造開発センター

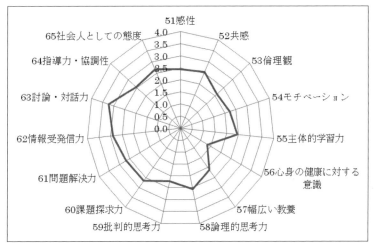

資料：2013年度前期「学びの振り返りシート」　集計：三重大学高等教育創造開発センター
図4－3－6　授業『キャリア形成・能力開発』で身についた力[18]

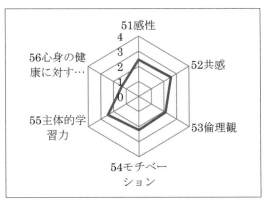

図4－3－7　授業『キャリア形成・能力開発』2013で身についた「感じる力」[18]

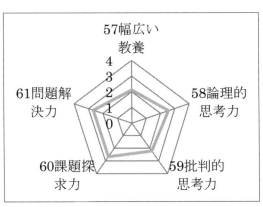

図4－3－8　授業『キャリア形成・能力開発』2013で身についた「考える力」[18]

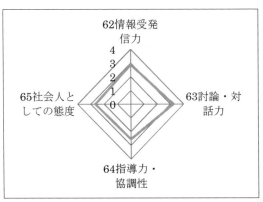

図4－3－9　授業『キャリア形成・能力開発』2013で身についた「コミュニケーション力」[18]

6．「循環型教育」としての「熟議」の総括

(1) 3年間にわたる3回の「熟議」の成果と課題

3年間にわたって3回の「熟議」を授業において実施したが、初回から指摘されていた課題は次の通りである。3つの課題を解決するための方法と内容について論述する。

①入学直後の大学1年生が「熟議」を運営できるのか？
②「熟議」は授業の教材になるのか？
③「熟議」による地域連携は大丈夫なのか？[19]

(2) 入学直後の大学1年生が「熟議」を運営できるのか？

第一の課題は、入学早々の1年生が前期90分授業の3カ月間で準備し、7月に「熟議」を主催できるかという点である。1年生の前期は月曜日から金曜日まで空きコマがほとんどない状況で、授業時間外の作業は困難であることが、第一週目に判明した。

課題解決のための工夫点は、90分授業を前半・後半に分けて45分授業を2時限分行うと発想転換し、討論や発表の時間管理も徹底してメリハリをつけたことである。また、「今日やるべきこと」を大きく書き出して到達目標を受講生と教員で共有した。授業ごとに、「声をかけ合おう」と呼びかけたら、受講生は「今やるべきことは何か」と仕事を探し始め、教員の指示を待たずに自主的に動き出した。

最初は戸惑っていた学生も、学生間のチームワークが構築されて目標が共有され始めると想定以上の大きな力を生みだし、モチベーションの相乗効果で底力が発揮された。

ここでは、学年の上下を云々するよりも、各人の意識変容が行動に繋がるモチベーションとなることが判明した。ゆえに、各人の役割と責任体制を明確にし、全員で主体的・能動的に運営することができれば、入学早々の大学1年生も充分に準備・運営ができることを証明することができた。数人の上級生が「単位は取得不要でも手伝いたい」と授業中にコーディネーター役を担ったことも功を奏し、「循環型教育」の成果がみられた。

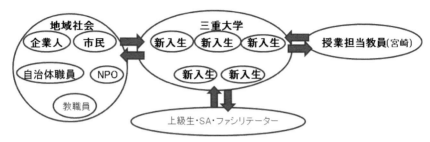

図4−3−10　授業『キャリア形成・能力開発』における「循環型教育」の概念図

（3）「熟議」が授業の教材になるのか？

　第二の課題は、大人たちが組織的に実施してきた「熟議」を大学の初年次における共通教育科目の教材として扱えるのかという点である。

　課題の打開策として、まずシラバスに「授業の達成目標は、役割分担した仕事を期限までに完了すること、ビジネスマナーや規律の心得を備えること」と明記し、アイスブレイキングをしながら学生間での徹底討論を励行した。

　初回の授業から、さまざまな発想法・討論技法の理論と並行し、班別討議においてプレイヤーやファシリテーター、パソコン記録者役を交替で練習した。本番で聞き役に徹してしまうことがないように、「テキストの1章分ごとを読み込んでレポートを書くこと」を宿題にした。レポート発表時には、各人のコメント用紙に発表者毎の講評を書き込み、宿題のレポートの交換も行った。こうして、先輩後輩が入り交じった「循環型教育」の繰り返しで、受講生は一週間ごとに討論力・発表力を身につけていった[19]。

　実際には「熟議」は教材として準備し、本番も学生が主催したが、文部科学省と三重大学も共催となった。事前の授業に副学長や事務方、県の担当者が授業中の教室でプレ熟議を行ったことで、学生の視野も広がる効果もみられた。具体的には、学生たちが正副実行委員長、運営係、機材・用品係、ファシリテーター・リーダー、編集係、交流会係、看板制作、名札・領収書の作成、会場係等を全員で分担したこと、一つ一つが貴重な教材となった。当日のプレイヤーやファシリテーター、パソコン記録者、総合司会、交流会、受付等の仕事を

役割分担した経験も貴重な教材となった[19]。

一方で、参加者によるアンケートで、少数であるが「ファシリテーターのスキルアップ」「もっと時間が欲しかった」という回答があった[19]。ファシリテーターの件は想定内であったので、大人と学生とのダブルキャストとした。本番の午前中に打ち合わせを行った段階で役割分担が行われ、相互の協力体制で、本番では「循環型教育」の成果がみられた。しかし、ファシリテーターのスキルアップは直ぐには解決できない課題として残る。

「もっと時間が欲しかった」の課題は、日時・時間は誰もが参加しやすい土曜日の午後に設定し、午前10時から12時まで各班のファシリテーターやパソコン記録者の顔合わせと打ち合わせを行った。参加者の集中力の持続時間などを考えると、真夏の午後の時間配分は悩ましいところであり、時間の設定は今後の課題として残った。

（4）「熟議」による地域連携は大丈夫なのか？

三重大学は三重県及び市町と連携協定を締結しており、さまざまな分野で連携している。筆者もまた、日頃から行政や企業、教育委員会と連携して「地域と共生する大学づくり」「元気な地域づくり」の活動を行っている。具体的には、インターンシップやPBL（problem based learning）講座の企業訪問、学生主催の公開シンポジウムの開催などを通じて地域の方々との交流があったので、多方面の分野から参加者を募ることができた。地域の方々が参加されたことで、まさしく「地域社会における循環型教育」が展開されたといえる。

実際に、第3回「熟議」の参加者アンケートから企業人や教職員の声をみると、「多様な価値観に触れた」「社員が定着できる職場づくりの参考になった」「学生や企業の本音が聞けた」「いろいろな発想が聞けて刺激的」[16]等、異年齢異業種による直接対話は貴重な「循環型教育」の機会となった。以上から、「学校・家庭・地域社会が連携した「循環型教育」としての「熟議」による課題解決の方法と成果について、図4－3－11に示す。

成　果	問題解決の方法
素晴らしい教材 ←	グループ討論、On the Project Training
大きく成長した ←	学生主体の能動的な運営、役割と責任体制
充分な地域連携 ←	日頃からのネットワークで、循環型教育の効果

図４−３−11　「熟議」による課題解決の方法と成果

第4節　本章のまとめ

　「あなたの学びに関する項目」に関する評価で、「総合的に判断して、この授業に満足できた」が全員一致で5.00をマークしたことは、心から授業を楽しんだことの証であり、「循環型教育」の有用性といえる。

　さらに、授業『キャリア形成・能力開発』と「主題Ⅰ生きる力とキャリア形成」や共通教育総合教育科目の平均値と比べると高い平均値を示しており、アクティブラーニングの授業方法や内容は満足度が高く、有用性があるといえる。中でも、「討論・対話力」は100％が身についたと答えている。このことから、「熟議」は「循環型教育」として有用性が高いことが証明された。

　その理由についてまとめると次の通りである。
　①第2回・第3回目の「熟議」では、充分に話し合えるように各班を6人に絞り、全体を60人（6人×10班）に限定した。
　②全員が「熟議」の当事者になるように、聴講者は募集しなかった。
　③社会人や教員等、1回目の経験者20人が第2回の「熟議」に参加した。
　④学生の第1回目の経験者が、単位取得は不要としながらも手伝った。

　経験者たちは授業でも本番でも、さりげなくリーダーシップを発揮し、まさしく学年を超えての「循環型教育」を体現したことが功を奏したといえる。そして、経験者の立ち振る舞いは、初体験の一年生には、よきロールモデルとなり、その結果「先輩からのアドバイスに本当に教えられた、楽しかった」等と感謝の声が寄せられた。

　本章の結論は次の通りである。
（1）アクティブラーニングとしての「熟議」
　「熟議の準備・運営」が授業の教材にする斬新な発想、教材そのものが学生の今後の生き方や進路選択に密接に関わるという発想に新規性がある。学生による授業評価では、アクティブラーニングとしての満足度が顕著であった。

（2）異業種・異年齢の直接対話

立場の異なる当事者が世代を超えて、肩書きを超えて、協働して提言を作り上げる討論方法がこれまでになく、新規性があった。

（3）学校・家庭・地域社会の連携による「循環型教育」

学生が自主的・能動的に主導した授業が地域社会を巻き込み、「循環型教育」の役割を担い、「元気な地域づくり」「地域イノベーション」へと繋ぐことができた。

今後の課題として以下の研究事項がある。

（1）「いつでも・どこでも・だれでも」が「熟議」を実践できるようにマニュアル作成に関する研究課題がある。

（2）「生涯キャリア教育」の視点からみる、今後の「地域イノベーション」の推進に関する研究事項がある。

【引用文献】
1）文部科学省（2010）.「地域と共生する大学づくりのための全国縦断熟議（大学リレー熟議）」 http://www.mext.go.jp/a_menu/a004.htm
2）宮崎冴子（2011）.「2011年度キャリア教育報告書　共通教育科目『キャリア形成・能力開発』における「地域と共生する大学づくりのための全国縦断熟議」熟議2011　in三重大学「対話と協働〜未来に向けて〜」国立大学法人三重大学共通教育センター，pp.1-24.
3）三重大学ウェブシラバス（2011） http://syllabus.mie-u.ac.jp
4）宮崎冴子（2011）.「2011年度キャリア教育報告書　共通教育科目『キャリア形成・能力開発』における「地域と共生する大学づくりのための全国縦断熟議」熟議2011　in三重大学「対話と協働〜未来に向けて〜」国立大学法人三重大学共通教育センター，pp.25-61.
5）三重大学（2011）.「三重大学共通教育シラバス」p.1.
6）三重大学高等教育創造開発センター「学びの振り返りシート2011」 http://www.hedc.mie-u.ac.jp/
7）三重大学高等教育創造開発センター（2012）.「三重大学の教育重点目標［4つの力］」2011年度分　http://www.hedc.mie-u.ac.jp/21）文部科学省・中央教育審議会大学分科会大学教育部会（審議まとめ）『予測困難な時代において生涯学

び続け、主体的に考える力を育成する大学へ』 http://www.mext.go.jp/b_menu/shingi/chukyo/chukyo4/houkoku/1319183.htm
8) 文部科学省（2012）. 中央教育審議会大学分科会「予測困難な時代において生涯学び続け、主体的に考える力を育成する大学へ」
9) 宮崎冴子（2013）.「2012年度キャリア教育報告書　キャリア教育の実践と評価2012」pp.1-19.
10) 三重大学ウェブシラバス（2012）.
11) 宮崎冴子（2013）.「2012年度キャリア教育報告書　キャリア教育の実践と評価2012」pp.23-34.
12) 三重大学高等教育創造開発センター「学びの振り返りシート2012」 http://www.hedc.mie-u.ac.jp/
13) 三重大学高等教育創造開発センター「三重大学の教育重点目標［4つの力］」2012年度分　http://www.hedc.mie-u.ac.jp/
14) 宮崎冴子（2014）.「2013年度キャリア教育報告書　キャリア教育の実践と評価2013」pp.3-21.
15) 三重大学ウェブシラバス（2013）.
16) 宮崎冴子（2014）.「2013年度キャリア教育報告書　キャリア教育の実践と評価2013」pp.22-34.
17) 三重大学高等教育創造開発センター「学びの振り返りシート2013」 http://www.hedc.mie-u.ac.jp/
18) 三重大学高等教育創造開発センター（2013）.「三重大学の教育重点目標［4つの力］」
19) 宮崎冴子（2011）.「2011年度キャリア教育報告書　共通教育科目『キャリア形成・能力開発』における「地域と共生する大学づくりのための全国縦断熟議」熟議2011　in三重大学「対話と協働～未来に向けて～」国立大学法人三重大学共通教育センター，p.82.

第5章 まとめと展望

第1節 各章のまとめ

　本書の目的とは、「学校・家庭・地域社会の教育力」と「若年者の就業」に関わる問題に焦点をあてて、現代的課題を明らかにするための実態調査や事例研究を行い、その結果から導き出した知見を基に課題解決への提言を行うことである。

　第1章では、我が国の職業指導やキャリア教育の先行研究を紹介し、児童生徒及び若年者をとりまく実態について解説し、その背景や目的・方法について全体像を示した。

　第2章では、宇都宮市委託事業として若年無業者対象に実施した実態調査「自立に困難を抱える青少年（若年無業者）の生活状況」の結果を分析して提言書を提出した。市では条例を基に市立青少年自立支援センターを設置するという成果があった。

　第3章では、学校・家庭・地域社会における「循環型教育」として「学校支援地域本部事業」の事例研究において、支援される側の児童生徒や教員だけでなく、支援する側の地域の大人たちにとっても支援活動が生きがいとなっていることが判明した。

　第4章では、「循環型教育」の事例として実践した「熟議」について検証した。学生が自主的・能動的に主導した授業が地域社会を巻き込み、異業種異年齢の当事者たちが世代や肩書きを超えて、協働して提言を作り上げた討論方法に、参加者や学生による満足度が高かった。その結果、学校・家庭・地域社会の連携による「循環型教育」の有用性が証明できたという成果がみられた。

第2節　課題と今後の展望

1.「生涯キャリア教育」の役割

　第1章で述べたように「生涯キャリア教育」とは「生涯にわたるキャリア教育もしくは生涯教育とキャリア教育を統合した概念」である。

　「生涯キャリア教育」の役割とは、「生涯にわたり自分らしく生き、自己実現を果たしたいと願い、進路決定を行う人への支援」である。中でも若年無業者やフリーター、早期離職者等、支援を必要としている児童生徒及び若年者に対する適時の支援が重要な役割となる。

2．学校・家庭・地域社会の連携による「循環型教育」のすすめ

　第3章、第4章における分析から、「望ましい生涯キャリア教育」を実践していくためには「循環型教育」が有効であることが証明された。

　「循環型教育」とは、第3章で論述したように、「あらゆる時期・機会もしくはあらゆる人々の間で、［教育を受ける人］と［教育を授ける人］の双方向が学び合い、その学びが互いに循環すること」である。

　つまり、肩書きや性別、年齢等の違いを超えて双方向に学びが循環することである。学校・家庭・地域社会が連携するからこそ「循環型教育」の効果が得られ、地域社会に新しい価値や資産を生み出す力になり、地域社会をイノベーションしていく核となる。さらに、他地域に影響を及ぼし波及すると、世界平和・福祉を考える国際社会に通用する人材育成に繋がり、グローバルイノベーションを行うことができる。

　今後の展望は、「生き方やあり方を考える教育」としての生涯キャリア教育の目標を意識しながら、「学校・家庭・地域社会の連携における異業種異年齢による直接対話」の機会を増やして、企業等の知恵や技術を注ぎ込むシステムを地域社会において構築することである。

3．「知」の拠点としての大学の役割

　大学・学部選びは高校の偏差値重視による進路指導による場合が多かったので、入学後に所属する学部・学科において想い悩む学生や、「学問の意義」「将来の生き方」等を考える機会を持たずに、進路先未決定のまま卒業する学生がいる。

　「大学教育改革地域フォーラム」（第2回の「熟議」）に参加した学生たちが「大学の一方通行の座学では学修意欲が湧かない」「自己肯定感やモチベーションを高め、自主的に考える力をはぐくむための能動的な授業が欲しい」「社会で活きるイノベーティブな授業が欲しい」「学ぶ目的や将来像を示して欲しい」「教授法・学習者の理解について、先生も学んで欲しい」「先生との距離感を何とかしたい」等と、大学教育改革に期待を寄せていることが判明した。

　こうした学生のニーズに応えるためには、大学側はファカルティ・ディベロプメント（Faculty Development＝FD）やスタッフ・ディベロプメント（Staff Development＝SD）の取り組みを拡充して「元気な大学づくり」をする必要がある。そして、学生がもっと地域に出かけ、地域の方々がもっと大学を訪問して、「循環型教育」を行うことが、「元気な地域づくり」に繋がる。

　「知」の拠点としての大学の役割とは、学校・家庭・地域社会との連携を強化して「循環型教育」を推進して「元気な地域づくり」に寄与する人材育成を推進することである。

4．「生涯キャリア教育奨励法」の制定

　今後の課題で重要な点は、「生涯キャリア教育」の成果は児童生徒、学生の確かな学力と豊かな人格形成、進路決定短期的な能力開発に貢献するばかりでなく、すべての人の一生涯に関わるキャリア形成・能力開発の方向を決定することである。ゆえに、国や地方公共団体の教育施策の中に、きちんと位置づける必要がある。そのためにも、「生涯にわたるキャリア教育」の概念の普及と振興に寄与する「生涯キャリア教育奨励法」が一刻も早く制定されるように提言する。（図5－2－1）

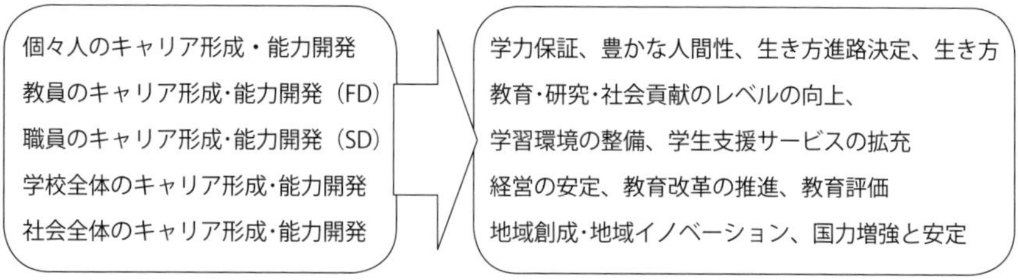

個々人のキャリア形成・能力開発	学力保証、豊かな人間性、生き方進路決定、生き方
教員のキャリア形成・能力開発（FD）	教育・研究・社会貢献のレベルの向上、
職員のキャリア形成・能力開発（SD）	学習環境の整備、学生支援サービスの拡充
学校全体のキャリア形成・能力開発	経営の安定、教育改革の推進、教育評価
社会全体のキャリア形成・能力開発	地域創成・地域イノベーション、国力増強と安定

図５－２－１　「キャリア教育奨励法」とキャリア形成・能力開発の概念図(2014　宮崎)

著者紹介　　宮崎冴子（Saeko Miyazaki）

　三重大学社会連携研究センター産学官連携アドバイザー、特任教授。博士（学術）生涯キャリア教育研究所所長、社会教育主事、キャリアコンサルタント等。

　新卒で高校教諭（幼小中高校免許）、東京都港区教育委員会社会教育課社会教育指導員、文教大学大学院人間科学研究科修了、東京経営短期大学教授・生涯学習センター長（創設）、宇都宮大学教授・キャリア教育センター長（創設）・キャリアカウンセラー、三重大学共通教育センター特任教授を経て現職。国立教育政策研究所生涯健康教育研究会研究員、文部科学省社会教育アドバイザー、文部科学省地域・学校支援連携アドバイザー、若者雇用戦略推進協議会委員（内閣府・文部科学省・厚生労働省・経済産業省）、三重県学校支援地域本部事業運営協議会委員長等を歴任。

主な著書
『カーニバルがやってきた』（共）理工図書 1995
『新宿　女たちの十字路』（共）新宿区地域女性史編纂委員会1997、第2版1997
『21世紀のキャリア開発』（共）文化書房博文社 1999、第3版・新訂版2005
『教職研修キャリア教育読本－生きる力をはぐくむ新しい進路指導－』
　　　　　　　　　　　　　　　　　　　　　　　　　（共）教育開発研究所 2000
『21世紀の生涯学習－生涯発達と自立－』理工図書 2001、新訂第1版2007
『教員採用試験対策　教育時事ビギナーズ』（共）一ツ橋書店　2005
『若者のためのキャリアプランニング－すばらしい未来を拓くために－』
　　　　　　　　　　　　　　　　　　　　　　　　　（社）雇用問題研究会2006
『キャリア教育－理論と実践・評価－』（社）雇用問題研究会 2007
『生涯健康教育への招待－生涯の健康を支えあう家庭・学校・地域－』
　　　　　　　　　　　　　　　国立教育政策研究所編（共）東洋館出版 2008
『キャリア形成・能力開発－「生きる力」をはぐくむために－』文化書房博文社 2008
『バリバリと働きたい人のためのキャリアプランニング』
　　　　　　　　　　　　　　　　　　　　　　　　　（社）雇用問題研究会2009
『キャリア開発をめざす若人のための実習日誌』（社）雇用問題研究会2009
『キャリア教育のリーダーのための図説キャリア教育』（共）雇用問題研究会2010
『社会教育・生涯学習－学校と家庭、地域をつなぐために－』文化書房博文社 2011
論文等多数

循環型教育　学校・家庭・地域社会にイノベーションを

2015年3月30日　初版発行

　　　　　　　　　　　　　　　著　者　宮崎冴子
　　　　　　　　　　　　　　　発行者　鈴木康一

〒112-0015　東京都文京区目白台1-9-9　　発行所㈱ 文化書房博文社
　　　　　　　　　　　　振替 00180-9-86955　　電話 03(3947)2034
URL: http://user.net-web.ne.jp/bunka/　乱丁・落丁本はお取替えします。

印刷・製本　モリモト印刷㈱　　　ISBN978-4-8301-1276-8　C1037

JCOPY ＜（社）出版者著作権管理機構　委託出版物＞
　本書の無断複写は著作権法上での例外を除き禁じられています。複写される場合は、そのつど事前に、（社）出版者著作権管理機構（電話 03-3513-6969、FAX 03-3513-6979、e-mail: info@jcopy.or.jp）の許諾を得てください。

　本書のコピー、スキャン、デジタル化等の無断複製は著作権法上での例外を除き禁じられています。本書を代行業者等の第三者に依頼してスキャンやデジタル化することは、たとえ個人や家庭内での利用であっても著作権法上認められておりません。